改訂版

社会的ひきこもり

斎藤 環
Saito Tamaki

PHP新書

改訂版まえがき

『社会的ひきこもり　終わらない思春期』（一九九八年）は私にとって、ことのほか思い入れの深い本です。私の単著デビューは、この本に数カ月先立って出版された『文脈病』（青土社）でしたが、この本は私が一般向けに書いたはじめての本であり、また私の著書のなかではいまだ唯一の「ベストセラー」でもあるからです。

さすがに二十年ほど前の本ということもあって、今回の改訂版を出すにあたって一通り読み返してみたのですが、意外なほど内容が古びていないので安心しました。もちろん細かいところで状況が変わったり、考え方を変えたりしたところはあります。しかし対応の基本方針は、現在もそれほど変わっていません。これは私の進歩がないせいなのか、あるいは弱冠三十代にしてすでに卓越した精神科医だったためなのか、後者と思いたいのは山々ですが、そのあたりの判断は読者に委ねたいと思います。

せっかくこの改訂版を手にとってくださった方のために、本書の変更点について簡単に述べておきたいと思います。

まず、ひきこもりの定義です。「六カ月以上社会参加をしていない」と「ほかの精神障害がその第一の原因とは考えにくい」の二つは、その後も厚生労働省や内閣府の定義としても使われており、変更はありません。

ただ最初の定義にあった「二十代後半までに問題化する」の部分は、現代ではもう通用しないため削除しました。三十代、四十代からひきこもる人が急増しつつあり、そのこともあってひきこもりの高齢化が急速に進行しつつあるからです。

元の本では、ひきこもり人口を「数十万人」と推定している箇所がありました。また、当時受けた雑誌のインタビューでは一〇〇万人とも述べており、この数字は本書の帯にも使われていました。当時はまだ国や自治体の調査などはなされていませんでしたから、この推定は体感的なものでしかなかったのですが、それほど「外れ」ではなかったことが最近の調査でわかってきたのです。

二〇一六年に内閣府は、十五～三十九歳を対象にした「ひきこもり」実態調査の結果を公表しましたが、それによると日本全体でのひきこもり人口は推計約五四万一〇〇〇人でした。また二〇一九年にも内閣府は、四十～六十四歳のシニア層を対象とした「ひきこもり」調査結果を公表していますが、こちらでは全国で推計六一万三〇〇〇人でした。単純に加算することはできませんが、それでも一〇〇万人以上がひきこもっているという現状がはじめて明らかになったのです。同時に、これまで「若者問題」と思われてきたひきこもりが、すでに全世代の問題になりつつあることもわかり、社会に大きな衝撃を与えました。いまやひきこもりは、どこでも、誰でも、何歳からでも起こりうると考えるべきなのです。

ひきこもり人口の増加とともに、現在問題になっているのは、先にも述べたひきこもりの高齢化です。「八〇五〇問題」という言葉があります。文字通り、八〇代の親が五〇代のひきこもりの子の世話をしている家庭を意味する言葉ですが、こうした状況がまれなものではなくなりつつあります。

私は二〇一四年に「社団法人　青少年健康センター」が主宰する家族会の参加者にアンケート調査を行いましたが、この時点で当事者の平均年齢は三十四・四歳、親の平均年齢は六十五・五歳、平均ひきこもり期間は十二年十一カ月と、深刻な高齢化傾向、長期化傾向があきらかになりました。わが子のケアに疲弊した家族の多くが、うつ状態の高いリスクを抱えていることもわかりました。

高齢化をもたらした要因は、おおきく分けて二つあります。一つは、本書でも述べている長期化傾向です。自助努力や自然な回復に期待できない以上、なんらかの支援がなされなければ、ひきこもり状態は必然的に長期化します。もう一つの要因は、さきほども述べたひきこもり開始年齢の上昇です。かつては不登校の延長線上でひきこもりが起こることが多かったので、ひきこもり開始の平均年齢は十五歳でした。しかし今回の調査では、平均二十一・二歳と、大きく上昇していました。これは近年、いったん就労したにもかかわらず、退職後にひきこもる事例が増加したためと考えられます。

こうした高齢化傾向は、今後ますます顕著になるでしょう。ここで「親亡き後」という新たな問題が浮上してきます。親亡き後のひきこもり当事者は、福祉に頼るしかありません。そうした単身者が一〇万人単位で出現すれば、福祉財源が大きく圧迫されるでしょう。もっとありそうな事態としては、多くの当事者が福祉の利用も申し出ないまま、孤独死を余儀なくされることです。

二〇一二年に私とファイナンシャルプランナーの畠中雅子さんが共著で出した『ひきこもりのライフプラン』（岩波書店）は、経済的な「ライフプラン」という視点から、ひきこもりのサバイバル方法を解説した最初の試みとなりました。

『社会的引きこもり　終わらない思春期』が出版されて二年後の二〇〇〇年に、柏崎少女監禁事件と西鉄バスジャック事件が起こり、これをきっかけとして「ひきこもり」という言葉は一気に広がりました。こうした状況を受けて、二〇〇三年に厚労省が最初のひきこもりに関するガイドラインを出しましたが、十分なものとは言えませんでした。二〇〇七年から厚労省の研究班（私もメンバーの一人でした）が三年越しの調査研究に基づいてまとめた「ひきこもりの評価・支援に関するガイドライン」は、医療寄りではありますが、具体的な対応に踏み込んだ内容となっています。

ほかにも厚生労働省は、二〇〇九年度から「ひきこもり対策推進事業」を創設し、すべての都道府県と政令指定都市に「ひきこもり地域支援センター」を設置しており、現在はここが最初に相談する窓口として機能しています。また、「ひきこもり対策推進事業」は「生活困窮者自立支援制度」と連携してひきこもり当事者を支援することが推奨されており、当事者の自立に向けた包括的な支援を行っています。

一般的な出口としては就労支援がありますが、こちらの窓口も二十年間でかなり進歩がありました。中でも利用しやすいのは「地域若者サポートステーション」でしょう。利用者の年齢制限（三十九歳まで）はありますが、障害の有無を問わず、就労に自信のない若者ならば誰でも利用できます。障害者枠での就労としては、「就労継続支援」や「就労移行支援」

が利用できます。こちらは年齢制限が実質ありませんので、シニア世代のひきこもりの方も、以前よりははるかに就労しやすくなりました。以上は、数少ないポジティブな変化です。問題は、支援体制が整備されるよりもはるかに急速に、ひきこもりの高齢化や増加が進んでいることです。

現在の私がひきこもり支援についてどのような姿勢で臨んでいるか、ここで簡単に説明しておきます。

改訂前の本書では、私ははっきりと「ひきこもりは治療を受けるべき」と述べていました。あるいは「ひきこもり状態が数年以上続いて慢性化したものは、家族による十分な保護と、専門家による治療なしでは立ち直ることはできません」とも。もちろん強制せよ、という意味ではありませんが、こうした「治療の必要性」のくだりは、やや「若気の至り」でした。改訂版では訂正しています。

ちょっと弁解しておくと、当時の私は、「ひきこもったままでいい」などと無責任に放言する「有識者」の人々に、かなり強いいらだちを感じていました。不登校やひきこもりに治療的に関わることが人道上の罪であるかのような批判にも怒りを感じていました。放置して解決するならそうしたいのはやまやまですが、そういう態度が現在の「八〇五〇問題」につながっていることを思うなら、せめてニーズに応えられるよう準備はしておきたい。

とはいえ、誰にでも一律に支援の押し売りをするつもりはありません。私から見れば、ひきこもりは「病気の人」というよりは「困難な状況にあるまともな人」です。だからこそ、ひきこもり当事者のニーズは多様です。支援を求めないひきこもり、支援を求めるひきこもり、いまは支援を必要としていないが、潜在的に支援ニーズを抱えたひきこもり、本人は必要としていないが親が支援を求めているひきこもり、など、さまざまな人がいます。

ならば「ニーズがないひきこもり」は放っておくべきなのか。それも違うと思います。今はかたくなに拒否していても、家族関係が修復されることで、そうしたニーズが生まれてくることがあるからです。だからこそ、機会あるごとにアプローチを試み、チャンスがあればニーズを尋ね、断られればまた次の機会をうかがっていきたい。

ちょっと、お節介に見えるかもしれません。ただ、このような「マイルドなお節介」という支援のあり方は、近年、依存症業界などでも推奨されつつあるようです。当事者に対して決して押しつけや強制をしないという条件で、なんとか許してもらいたいというのが、今の私の願いです。

最後に、この二十年間で、個人的に一番大きかった変化について述べておきましょう。

近年、私たちは、ひきこもり支援にオープンダイアローグ（開かれた対話、以下ＯＤ）を応用することを試みています。ＯＤとは、フィンランド・西ラップランド地方にあるケロプダス病院のスタッフたちを中心に、一九八〇年代から開発と実践が続けられてきた精神病に対するケアの技法／システムです。薬物治療や入院治療をほとんど行うことなく、対話のみで良好な治療成績を上げており、近年、国際的にも注目されつつあります。その詳しい内容については、拙著『オープンダイアローグとは何か』（医学書院）や『開かれた対話と未来』（医学書院）をご参照ください。

ＯＤの中核にあるのは、徹底して他者を尊重する「対話」の姿勢です。あるひきこもり当事者の言葉を借りるなら、説得や議論は当事者の力を奪ってしまいます。ひたすら丁寧に本人の声に耳を傾け、それに誠実に応えていく「対話」によって、それぞれの立場の「違い」を掘り下げていくと、その過程そのものが当事者をエンパワーする効果を持つとされます。つまり良い対話を続けていくだけで、巧まずして改善や回復が生ずるわけです。私たちはＯＤがひきこもりに対しても有効であることをすでに確認しており、家族会でもその応用をはじめています。

実は私は本書において、当事者との「会話」の重要性を、繰り返し強調しています。日常的な気軽なおしゃべりを続けていくことが、本人との関係を改善し、安心／安全な環境を準備し、主体性を回復する上で重要であること。私は二十年来、家族会や講演会で、このことを一貫して強調してきました。その意味でODとの出会いはなかば必然であり、今後はさらに洗練された対話実践を支援に導入することが可能になるでしょう。本書を読む方には、ぜひとも本書の「会話」とある部分を「対話」に置き換えて読んでいただきたいと願っています。

二〇一九年十二月十五日　　師走の高松空港にて

斎藤　環

はじめに

あなたのまわりで、こんな人の話を耳にしたことはありませんか。

「もう三十歳近いのに、仕事もしないで自宅でぶらぶらしている」

「ほとんど外出しないし、家でも自分の部屋に閉じこもりきりでいるらしい」

「昼間でも雨戸を閉めて、夜も昼もないような生活を何年も続けている」

「たまに親が仕事をするように勧めると、ひどく腹を立てて怒鳴ったり、暴れたりする」

あなたはこういう人についてどんな感想をお持ちになるでしょうか。それは、例えばこんな感想ですか。

「いい大人が仕事もしないでぶらぶらしているのはみっともない。まわりはなぜほっておくのか」

「こういう『おたく』のような人間は、おとなしそうでいて一番危ない。はやく精神科に入院させるべきだ」

「働かざるもの食うべからず。働く気がないのなら、ヨットスクールのようなところで根性をたたきなおしてもらうのが一番よい」

「親の育て方が間違っていた。これは親の責任なのだから、一生面倒をみることになるのも、それはそれで仕方ない」

「こういう無気力な人間を養うのは、結局われわれの税金なのだ。社会問題として対策を講ずべきだ」

なるほど、いずれもきわめてまっとうな「正論」ではあります。

しかしこのような青少年が、全国に数十万人もいるとしたらどうでしょう。そのかなりの部分の人たちが、まさにこのような「正論」に苦しめられながら、「ひきこもり」「閉じこもり」から抜け出せずにいるとしたら。そして、これらはけっして仮定の話ではないのです。

「社会的ひきこもり」という言葉をご存じでしょうか。Social withdrawalという、本来はさまざまな精神障害にみられる、一つの症状を意味する精神医学の言葉です。

近年、わが国には「社会的ひきこもり」ないし「ひきこもり」と呼ばれる状態にある青少年が、かなりの数で存在することが知られるようになってきました。一説には数十万人ともいわれ、また年々その数が増える傾向にあるともいわれています。もちろんその実態は、調査がきわめて難しいためもあって、いまだに正確な把握はなされていません。

しかし私たち精神科医の診療場面でも、こうした青年たちに出会うことが少しずつ多くなっているような印象があります。私にかぎらず、そのような実感を持っている医師はけっして少なくありません。

私はこれまでの約十年間、こうしたひきこもりの青少年たちと、精神科医として浅からぬ関わりを持ってきました。これまでに経験した事例の数はおそらく二〇〇例を超えると思います。これはもちろん、ある程度の治療関係を結びえた事例に限ってのことですから、初診だけ、あるいは相談だけという事例を含めると、その何倍かの数になるでしょう。

私は筑波大学の医学部を卒業後、故・稲村博助教授の研究室に入りました。この研究室に入って最初に出会った青年たちこそが、「社会的ひきこもり」の事例だったのです。稲村氏は、この分野における一種のパイオニア的存在でした。

もちろん稲村氏以前にも、笠原嘉氏によって指摘された「スチューデント・アパシー（学生無気力症）」や「退却神経症」などの問題があることを忘れるわけにはいきません。これらはいずれも、とりわけわが国に目立つような青少年の無気力の病理に先鞭を付けたともいうべき、たいへん重要な報告でした。

しかし私が向き合ってきた「社会的ひきこもり」の問題は、もっと複雑ですそ野の広い、なかなか全貌が見渡しにくい問題でした。「社会的ひきこもり」には、さまざまな思春期の問題行動が結びついています。不登校、家庭内暴力、自殺企図、対人恐怖、強迫行為など、それぞれが、あるいはこれらすべてが、何らかのかたちで「社会的ひきこもり」とともにあらわれることがあります。

もちろん「社会的ひきこもり」とは一つの症状であって、病名ではありません。後で述べるように、さまざまな病気に伴ってあらわれることも、しばしばみられます。精神科医によっては「社会的ひきこもり」を診断名とすべきではなく、あくまでもそれに伴ってあらわれてくる症状から診断すべきである、という意見も少なくありません。

私があえて「ひきこもり」という症状に注目する理由は本文中でも説明してありますが、ひとつにはこの視点がもっともシンプルで、なおかつ個別的な対応にも開かれていると考えたためです。臨床場面では、単純であると同時に応用発展の可能性が高い視点が最も有効です。とりわけ「社会的ひきこもり」のように、個人病理ではくくり切れないような問題において、視点のとりかたは重要になります。それによって問題のありようも、まったく違って見えることになるからです。

「ひきこもり」に注目するとき、そのような事例は増えているといえるでしょうか。私は大学院では「社会的ひきこもり」とかなり縁の深い立場にいましたが、院を卒業して勤務医になってからは、ごく一般の精神病院や診療所での診療を続けています。臨床十年目というのは、精神科医としてはようやく新米扱いされなくなり、中堅の入口あたりにさしかかったくらいのポジションです。それでも「ひきこもり」を十年間で二〇〇例というのは、同世代の平均的な精神科医に比べれば、かなり多いほうでしょう。同時にこの数字は、あたりまえの診療場面にも、「社会的ひきこもり」事例の相談件数がかなり多くなっていることを意味しているのではないでしょうか。

もちろん「社会的ひきこもり」それ自体を「病的である」と決めつけることには慎重であるべきです。しかし私は、みずからの臨床経験から、「社会的ひきこもり」が長期化するとともに、多様な病理の温床になりやすいことだけは、断言してよいように思います。またこの問題は、さまざまな事情から十分に理解されていません。それが精神障害であるか否か、社会のひずみが反映されているのかどうか、家族病理とみるべきか否か、その程度の論議すら、ほとんどなされていないのです。参考文献が実に少ないことも、適切な対処を困難なものにしているでしょう。

私が本書を書く動機は、こうした現状への危機感です。理解が不足したまま、場当たり的な対応がなされ、解決が遅れること。社会病理や世代の病理という捉え方のみで、個別で具体的な指針の検討が遅れること。そのような遅れは、もはや許されない。自分の臨床経験がいくらかでも役立てばという気持ちと、こうしたやむにやまれぬ焦りとが、私に本書を書かせました。新人当時から現在に至るまで、いささか臨床経験に圧倒されがちだった私が、このあたりでみずからの臨床を整理してみようという目論見もあります。

本書は大まかにいって、理論編と実践編に分かれます。理論編では、私自身の治療経験を中心に、事例にもとづいた検討を行います。その際さまざまな理論的検証もこころみますが、「理論」についてはあくまでも、理解しやすくするための便宜程度にとどめました。実践編では、具体的な対応方針について、できるだけ詳細に判りやすく書いたつもりです。こちらの実用的価値については、いささかの自負もありますが、もちろん個人の臨床体験は必ず偏っているものです。実際に役立てていただくほかに、今後の論議の端緒を開く、一つの契機となることを願っています。

改訂版 社会的ひきこもり◆目次

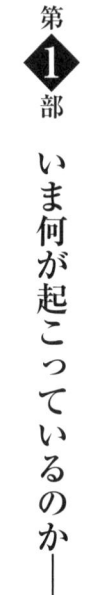

2 社会的ひきこもりの症状と経過

5　「ひきこもりシステム」という考え方

第1部

いま何が起こっているのか——理論編

1 「社会的ひきこもり」とは

無関心による悲劇

平成八年十一月に、東京の会社員が中学生の息子をバットで殴り殺すという、いたましい事件がありました。まじめで仕事熱心な父親が、息子の家庭内暴力に耐えかねた挙げ句の出来事でした。十一月七日付の朝日新聞の記事によれば、息子は一年ほど前から学校を休みがちになり、家族に暴力をふるうようになったとのことです。このため母親は間もなく別居するようになり、ずっと父親と二人で生活していましたが、父親への暴力も絶えなかったといいます。

いきなり悲惨な事件の話で戸惑われたでしょうか。類似の事件は、これまでにも何度か起きています。これらはいずれも、「社会的ひきこもり」の問題と深い関わりを持っていたはずです。私自身が外来で相談を受けた経験からも、追いつめられればこうした事態に至ったかもしれない事例はまったく珍しくありません。それだけに、このようないたましい事件をみるにつけ、私はいつも無念な思いを禁じ得ませんでした。

この種の犯罪の背景には、明らかに一種の無知があります。やっかいなことには、この「無知」は、たんなる個人的なものに限定されません。それは構造的無知、この社会全体の無関心によって生まれた無知です。この無関心が続くかぎり、このようないたましい事件が絶えることはないでしょう。思春期の心、わけても「社会的ひきこもり」への無理解、無関心が続く限りは。

そうではない、思春期の心への関心がこれほど高まっている時期はなかったではないか、そのような意見もあるかもしれません。それは一面では真実です。しかし残念ながら、そこで関心をもたれているのは「社会現象としての思春期」なのです。具体的には書きませんが、「風俗としての思春期」「病理としての思春期」「事件としての思春期」がこれにあたります。その一方で、「ひきこもる思春期」は、ずっと黙殺されたままになっているのです。

それでは「社会的ひきこもり」とは、どのような事態をさすのでしょうか。

四つの事例

例えば「不登校」が何らかの理由で長期化すると、その一部は学籍を失って二十代にいたっても、在宅の状態で過ごすことになります。この在宅状態のものの一部（あるいは大部分）が、社会とのつながりを持たないまま「ひきこもり状態」にいたるのです。

「社会的ひきこもり」という言葉は、Social withdrawalという英語の直訳で、いかにもこなれていない感じがしますが、ここでいう「社会」とは、ほぼ対人関係全般をさすものと理解して差し支えありません。家族以外のあらゆる対人関係を避け、そこから撤退してしまうこと。それが「社会的ひきこもり」です。

もちろん社会的ひきこもり状態にいたる契機には、不登校のほかにも、さまざまなものがあります。しかし私の調査と経験からは、やはり不登校からそのまま長期化した事例が圧倒的に多いと考えられます。この調査結果については、後で具体的に提示するとして、ここでいくつかの事例を具体的に述べてみます。

事例1　二十九歳　女性

内気でまじめな性格でしたが、高校卒業まではとくに問題なく過ごしました。専門学校で洋裁を勉強し、洋品店に就職しましたが、対人関係がうまくいかず半年後には退職、その後は自室にこもりがちになりました。ほとんど食事にも出てこず、きれい好きだったのに入浴もしなくなってしまいました。それでも翌年に事務所に就職しましたが、上司に気に入られず半年でやめてしまい、その後は自宅で手芸の小物を作って親戚に売ったり、病気の祖父の介護を手伝ったりなどして過ごしていました。

ところがある時、親戚から手芸品の出来が良くないとけなされたことがありました。本人はこのことで大変なショックを受け、それからは小物作りがぜんぜん手につかなくなってしまいました。さらにこの直後に祖父が亡くなり、落胆がかさなりました。しばらく茫然として何も手につかない状態が続きましたが、やがてまったく自宅にひきこもった状態になってしまいました。自分の部屋からもほとんど出てこず、家族とすら顔をあわせることを避けています。昼間はほとんどベッドの中で過ごし、夜中になってから起き出して音楽などを聴いているようです。このような状態が二年ほど続いています。

事例2　二十一歳　男性

小さいころは勝ち気で活発、高校まではスポーツに勉学に熱心に取り組み、志望する大学にも順調に合格しました。大学ではテニスサークルに入り、授業にもまじめに出席していました。ところが大学一年の夏休みあけから、ぱったりと講義に出なくなってしまいました。親が理由を尋ねてみると、ある科目のクラスに馴染めず、とけこめないということでした。

その後しだいに他人の眼が気になるようになり、電車にも乗りにくくなりました。大学二年の時、試験期間の最中に電車に乗れず帰宅し、精神科で対人恐怖症と診断されました。その後は両親の付き添いで登校を続けていましたが、やはり教室には入れませんでした。その後カウンセリングを一カ月間うけてやや不安が薄れ、郵便局のアルバイトなどをはじめ、成人式にも出席できるようになりました。しかしそれでも、大学の教室に入ることはできませんでした。

大学のカウンセリングルームに通ってみましたが続かず、とうとう休学することになりました。その後は自宅で過ごしています。新聞配達のアルバイトを続け、バイクで出かけたり、テニスをしたりするなど、自宅では比較的明るく過ごしていますが、今後の具体的な見通しは、依然として持てないままでいます。

事例３　三十歳　男性

小・中学校時は問題なく過ごしましたが、高校一年から不登校となり、気に入らないと物に当たるなど家庭内暴力がみられるようになりました。高校は中退しましたが通信教育で高卒の資格をとりました。その後、家の中の汚れに対してこだわりが強くなり、少しでも汚いところがあると腹を立てて、母親に暴力をふるうこともありました。ほとんど連日の暴力にたまりかねて母親は別居し、やがて父親も家を出ざるをえなくなりました。

その後は別居状態のまま両親は新築した家に住み、本人はもとの家に留まったまま六年間が経過しました。現在まで本人は就職することなく、両親から生活費を得て単身で生活しています。

昼夜逆転の生活で、窓や玄関などには鍵をかけ、両親への連絡はメモで行います。友達関係を含めまったく人間関係はありません。最近になって高価なオーディオ機器を買うよう一方的に要求してきました。買い与えると今度は、完全に望み通りのものが届かなかったと文句をつけてきました。このため「自分のことは自分でするように」と両親が応じたところ激怒し、高額の「罰金」を要求してきたり「必ず殺す」などと脅迫めいた手紙を送ってきたりするようになりました。

事例4　二十九歳　男性

もともと気が弱いところがあり、中学校のクラブを退部する時なども自分ではいいだせず父親に断ってもらったり、無断でやめるなどしていました。また高校の時に飲酒して暴れたことがありました。

大学を卒業した後、地元の会社に就職しましたが、一カ月でやめ、次の会社も半年でやめました。その後もいくつか職業を転々としましたが、いずれも数カ月しか続きません。また、やめる時も無断欠勤や失踪などという形でやめていました。以後は自宅にひきこもりがちな生活が続きました。

こうした生活の辛さからか、二十六歳の五月に手首を切ってしまい、それから精神科に通うようになりました。その後も家庭内暴力めいた行動があったのですが、主治医の指導によって現在は比較的落ち着いた状態にあります。しかし相変わらず、自宅にひきこもった、無為な状態が続いています。

一過性の流行現象ではない

実をいうと、ここに掲げた事例はいずれも、私自身の経験したものや、そうではないいくつかの事例を合成したフィクションです。私は一般向けの本では詳しい事例の報告をしない立場をとっておりますので、この点はご了承ください。

はっきりといえることは、社会からひきこもっていく過程は、実にさまざまであるということです。しかし同時に、そこにはいくつかの共通点もみられます。

事例の多くはもともと内向的で、家庭では「手のかからないよい子」とみられがちな子どもたちです。ほとんど反抗もしたこともなく、強いていえば几帳面すぎる点など、のちの強迫症状（無意味な確認行為など）につながる傾向を持っていることはあります。ただし、ひきこもる子どもたちがすべて、こうした性格傾向を持っているかというと、必ずしもそうではありません。中学までは活発で学級委員などをしていた子や、高校までスポーツが得意で、積極的に発言もしていたような子も、何かでつまずいたことをきっかけとして、人が変わったように落ち込み、ひきこもってしまうことも珍しくありません。一定の性格傾向と必ずしも結びつかないところにも、こうしたひきこもり事例の特徴があると、私は考えています。

ただし、ひとつだけはっきりした傾向がみられます。「社会的ひきこもり」は圧倒的に男性に多いのです。また、きょうだいの順位では、私の統計結果によれば、どうも長男に多くみられるようです。女性の事例もないわけではありませんが、一般にそれほど長期化しないようです。両親ともに高学歴で中流以上の家庭に多く、仕事熱心で養育に無関心な父親と、過敏で過干渉気味の母親という組み合わせは、ここでも珍しくありません。また家族や親戚など周囲に優秀で勤勉な人間が多いことが、本人の負担になっている場合も少なくないようです。

ひとたびひきこもり状態におちいると、ほとんど外出もしないまま昼夜逆転した生活となり、家族を避けて自室にとじこもった状態が続きます。本人の自尊心や世間体、家族関係の悪化などが相まって悩みや葛藤が大きくなり、時には家庭内暴力や自殺未遂にいたることもあります。また強迫症状、対人恐怖症状などの精神症状を示す場合もあります。そしてこうした症状がいっそうひきこもり状態を長引かせ、抜け出しにくくなるという悪循環が起こってきます。

このようにして、かたくなといってよいほどの無為・ひきこもり状態が長期間続くことになります。その期間は数カ月から数年、長いものでは十数年以上の長期間にわたってひきこもりが続いている事例も経験しました。

経過が長くなってくると、みかけ上はあたかも無気力で怠けているだけのような状態になります。しかし実際にはこうしたみかけの下に、深い葛藤や強い焦燥感がひそんでいることがしばしばあるのです。その証拠に、無為の日々を送りながら、彼らの多くは退屈を知りません。これは一つには、退屈さを感ずるほどの精神的ゆとりもないためと考えられます。

現在、社会的ひきこもりの問題は、二重三重に不遇な状況におかれています。一番の問題は、予防や治療が十分に可能であるにもかかわらず、その受け皿がほとんどできていないということです。こうした事例を抱える家族が困りきって相談にいく場所としては、とりあえず精神科しかないのが現状ですが、当の精神科医も、この種の問題に対して、なぜか消極的なのです。わが国の精神科医が「社会的ひきこもり」に対してどのような見解を持っているかは、この後の章でも詳しくふれますが、ともかく対応策があまりにも立ちおくれています。このままでは困る一番の理由は、ひきこもり状態が、自然に解決することが、ほとんどないためです。後でも述べるように、社会的ひきこもりの問題は、個人の病理だけでは説明ができません。社会、家族を巻き込んだ、一つの病理システムとして理解する必要が、どうしてもあります。専門家は、この病理システムの解消に向けて努力すべきなのですが、この程度の理解すら、まだ一定のコンセンサスに達していないのが現状です。

これはけっして、〇〇シンドロームであるとか、〇〇症候群であるとかといったような、一時の流行には終わりえない現象です。この問題に関わりはじめて十一年になりますが、この間少しも事例数に減少の兆しがみえません。爆発的にも増えないかわりに、少しずつ、着実に増えていき、なかなか減らない。流行のシンドロームより、おそろしいのはむしろこちらの現象ではないでしょうか。かりにその発生率が減少することがあったにしても、治療・相談を受けないままに長期化する事例の数が変わらなければ、全体の数は徐々に増加せざるをえない。その時、われわれ精神科医は、どのような対策を講ずべきか。私はみずからの経験したこと、考えたこと、行っていることのほとんどすべてを、この本の中でさらけ出そうと思います。それが一つの挑発となって、論議のきっかけを作ることができればと願っています。

「社会的ひきこもり」の定義

これから社会的ひきこもりの問題について述べるにあたって、まずこの本の中で用いられる「社会的ひきこもり」という言葉を定義しておこうと思います。本書では「社会的ひきこもり」について、次のように定義します。

「六カ月以上、自宅にひきこもって社会参加をしない状態が持続しており、ほかの精神障害がその第一の原因とは考えにくいもの」

「六カ月」以上というのは、ＤＳＭ－Ⅳ（アメリカ精神医学会編：精神疾患の分類と診断の手引き　第四版）などで用いられる、精神症状の持続期間としての、一つの単位です。もちろん三カ月でも一年でもいいわけですが、そうしなかったのには、やはり二つほど理由がありま す。一つは、これより短期間にした場合、周囲の家族などの過剰対応を呼んでしまう可能性があるためです。比較的短期間のひきこもり状態が、休養のために必要とされる場合も、けっして少なくはありません。私はその場合、治療へせき立てたりするよりも、ゆっくり休ませてあげることが望ましいと思います。逆に六カ月より長い期間、例えば一年を目安にすると、今度は対応が遅れてしまいます。そのようなわけで私は、ひきこもり状態が六カ月間続いた時点で、周囲の人だけでも、何らかの治療的対応へ向けて動き出すことが望ましいと考えています。

　最後の項目、ほかの精神障害によらないこと、という条件については、とくに解説は不要でしょう。社会的ひきこもりと同じような症状を示す、ほかの精神疾患の可能性を否定してから、はじめて本格的な対応・治療を開始できるわけです。社会的ひきこもり状態を示す、いくつかの精神障害については、後の章で詳しく述べてあります。

症状と診断をめぐる問題

　ひとくちに「社会的ひきこもり」といっても、そのなかにはさまざまな状態のものが含まれています。のちにふれるように、精神科医の多くは、ひきこもり状態を診断するに際しては、これに伴う症状で診断することが望ましいと考えています。つまり対人恐怖症状が強い事例は「対人恐怖症」、強迫症状が強い事例については「強迫神経症」と診断する、ということです。私はこれらの立場も良識的なものとして否定はしませんが、全面的には同意できません。それはなぜでしょうか。

　例えば風邪をひいた人を診察する場合、咳、喉の痛み、頭痛、発熱などは「症状」です。その「状態」としては「熱が三八度あって、咳が止まらず、頭重感が抜けない」というように表現できます。こうして例えば「上気道炎」という「診断」が下るわけです。社会的ひきこもりを「症状で診断」するという場合、私にはどうしても、上気道炎という「診断」を避けて、「咳症候群」とか「頭痛シンドローム」などと「診断」するのと同じことになるのではないか、という疑問が残ります。

社会的ひきこもりに伴うさまざまな症状は、しばしば二次的なものです。つまり、まず「ひきこもり状態」があって、この状態に続発する形で、さまざまな症状が起こってくるということです。やはりもっとも重要で、一次的な症状としては、「ひきこもり状態」を考えるべきではないでしょうか。その理由はいくつかあります。

まず、もっとも持続的で安定した、ただ一つの症状が「社会的ひきこもり」であることが挙げられます。これは逆にいえば、ひきこもりに伴うさまざまな症状は、経過とともに消長することが多いのです。つまり、ひきこもりはじめた当初は自己臭症状（自分の体からいやな臭いが出ていると思い込む）が強く出ていても、それが経過とともに軽くなっていって、今度は被害妄想や強迫症状などにとってかわることもあります。このような場合、症状にもとづいて診断を下すのであれば、症状が変わるたびに診断名が変わることになってしまい、あまり実際的とはいえません。

また、さまざまな症状の主な原因の一つとして、当のひきこもり状況が考えられるという点も重要です。例えば、ひきこもりに伴う対人恐怖症状は、ひきこもりが長引くにつれて悪化することが多いのです。この場合、対人恐怖症状は、ひきこもり症状から二次的に起こっているか、少なくともひきこもり状態によって悪化させられている可能性が高い。長く人に接触しない生活を続けていると、人とふれ合うことが次第に恐ろしくなってくるのは、自然なことです。そしてその結果、いっそう深くひきこもってしまうという悪循環が生じてきます。

治療場面でも、以上のことを裏付けるような経験をよくします。たとえば入院治療などで、家ではあれほど苦しんでいた神経症の症状が、入院によって環境が変わったとたんに、すっかり消えてしまうことがあります。対人恐怖などのような、通常ならば入院したくらいでは容易に改善しないような症状ですら、あっさりなくなってしまうことがあるのです。

そのようなわけで、社会的ひきこもりの事例を治療する時は、個別の症状もさることながら、ひきこもり状態に対する配慮の比重がもっとも大きくなりがちです。少なくとも、ひきこもった状態について本人がいだいている劣等感、それに対する配慮を抜きにして、治療をすすめることは難しいでしょう。臨床的な実用性から考えるなら、やはり「社会的ひきこもり」の状態を第一に考えて、診断・治療に取り組む必要があると私は考えています。

思春期に独特の葛藤のパターン

「社会的ひきこもり」は、心に原因があって起こる問題です。つまり、脳そのものに実質的な原因のある障害や、精神病によるものとは区別して考える必要があります。

また「社会的ひきこもり」は事例の年齢にかかわりなく、いわゆる思春期心性に深く根ざした問題です。つまり、人格発達の途上における一種の「未熟さ」ゆえに起こってくる問題であるとみることができます。一般に「思春期」という場合、だいたい十二歳から十八歳くらいまでを想定しています。私なりに言い換えるなら、人格的な枠組みができあがり、性的な成熟が起こる期間ということになります。「人格的な枠組み」という、ややこしい言い方をしましたが、たんに「性格」といっても構いません。サリヴァンなども指摘していますが、人間はその成長過程で、だいたい小学校高学年くらいの時期に、性格傾向がほぼ固まり、いったん安定します。しかしこの後に続く第二次性徴の発達が、さまざまな葛藤を生じ、思春期独特の不安定さの原因となります。この「性的に成熟する」ということが、思春期から青年期にかけての、もっとも重要な課題といっても過言ではないでしょう。

社会的ひきこもりの事例は、しばしばこうした、思春期に独特の葛藤のパターンを何年も抱き続けていることが多いようです。その根拠として、以下のようなものが考えられます。

＊不登校、家庭内暴力、強迫症状、対人恐怖症状などの、思春期心性と深く結びついた症状を「社会的ひきこもり」に伴うことが多い

＊ひきこもりが長期化する背景には、視野の狭さ、かたくなさなどといった思春期独特の考え方や、自己愛的な構えがあることが多い

＊本人はみずからの置かれた状況を客観的に捉えるだけの余裕がなく、したがって治療を拒否することがほとんどである

＊長期にわたる事例でも慢性化による症状の安定化が起こりにくく、つねにあらたな傷口がひらいていくように、葛藤が葛藤を生む状態が続く

＊本人の精神的な成長を促すような治療態度と、家族を含む環境の調整によって治療がすすむことが多い

こうした点をふまえて、いっそう具体的に、その特徴や症状をみていくことにしましょ

う。

2 社会的ひきこもりの症状と経過

「社会的ひきこもり」の統計調査

前の章で、社会的ひきこもりの概略についてはある程度イメージすることができたと思います。この章では、一九八九年に私が行った調査結果にもとづいて、もうすこし具体的に理解を深めておきたいと思います。調査結果の説明に入る前に、この調査研究について概略を紹介しておきます。

調査の対象は一九八三年一月から一九八八年十二月までの六年間に、私の所属する研究室の関連機関を受診した患者さんのうち、次の条件をみたす群です。

＊統合失調症、躁うつ病、器質性精神病などの基礎疾患がないこと

*初診時点で三カ月以上の無気力・ひきこもり状態があること
*一九八九年六月の時点で、本人との治療関係が六カ月以上続いていること
*少なくとも本人が五回以上来院していること（家族のみの相談も多いため）
*評価表を記入するための資料が十分に揃っていること

これらの条件を満たしたものは八〇例（男性六六例、女性一四例）でした。初診時の年齢は最年少の十二歳から最年長三十四歳までで、平均十九・六歳でした。また調査時点での年齢は十三歳から三十七歳までで平均二十一・八歳でした。

これらの事例について、私たちが独自に作成した評価表にもとづいて調査を行いました。評価は原則として各症例の主治医に依頼して行い、その結果を大型コンピュータを用いて統計的に分析してみました。

私たちの分析結果にもとづいて、社会的ひきこもり事例の特徴についてざっと述べるなら、次のようになります。

*調査時の平均ひきこもり期間は三十九カ月（三年三カ月）
*圧倒的に男性に多い
*とりわけ長男の比率が高い

＊最初に問題が起こる年齢は、平均十五・五歳
＊最初のきっかけとしては、「不登校」が六八・八％ともっとも多い
＊問題が起こってから治療機関に相談におとずれるまでの期間が長い
＊家庭は中流以上で、離婚や単身赴任などの特殊な事情はむしろ少ない

いずれもさまざまな視点からの検討を要する結果ではありますが、それについては後の章にまわすことにします。ここでは「社会的ひきこもり」というイメージしにくい集団について、事実にもとづいたおおよその全体像を示すのみにとどめましょう。

さて、同じ調査結果にもとづいて、こんどは社会的ひきこもりに伴って出現する症状について検討してみます。ここではいわゆる精神症状に限らず、長期化するにつれてきわだった異常としてみられる状態について、網羅的に述べておきます。

もちろん、症状によっては（過食・拒食のように）別の診断のもとで治療をすすめるべきものも含まれています。しかし前にもふれたように、社会的ひきこもりから二次的に生じる可能性が少しでもあると判断した症状については、ここで検討することにしました。

無気力とひきこもり

まず一般的な無気力・ひきこもりの状態とはどの程度のものなのでしょうか。一九八九年の調査結果では、はじめて診察を受けた時点で「ほとんど外出しないか、時に近所まで出かける程度」のものが六七％でした。また調査時点での平均ひきこもり期間が三十九カ月でした。ただしひきこもりの期間については、かなりばらつきもあります。

現在私が診療に当たっている事例は、ほとんどが二十歳以上です。後にふれるように、不登校ではじまったものが多いことを考えあわせると、ひきこもり期間がすでに数年以上にわたっている事例が多いのも当然でしょう。アルバイト以外の就労経験を持つ事例もほとんどありません。

この結果から彼らを単なる「怠け」として捉えることは、果たして正しいのでしょうか。彼らの気持ちを理解するには、とじこもった無為の生活を何年間も続けざるをえないという状況を想像してみることです。こうした状況にまったく苦痛を感じない人がいたとしたら、私はそちらのほうが心配です。何年もの長期に及ぶひきこもり生活をまったく苦にしていない人がいたとしたら、一度は精神病の可能性を疑ってみるべきです。

ひきこもる人たちの多くは、こうした生活をみずから望んで続けているわけではありません。ひきこもり状態から抜け出したいと、誰よりも強く願いながら、それがどうしてもできないのです。

不登校との関連

さきにもふれたように、こうした社会的ひきこもり状態の直接のきっかけとして、不登校が比較的多いという印象があります。私たちの調査でも、ひきこもり状態に入っていくきっかけとして、**不登校**がもっとも多いという結果が出ています。不登校とひきこもり状態は、かなり連続しているのでしょうか。

もしそうであるなら、現在たまたま学校に行っていない子どもを持つ家族は、またあらたな心配の種が増えてしまうことになります。学校へ行けない子は、一生ろくに社会生活も送れないのではないか。そのように案ずる家族も、実際少なくありません。

たしかにひきこもり状態のきっかけとしては、不登校が多いようにみえます。しかし不登校とひきこもり状態の因果関係をいうためには、むしろ不登校の子どもたちが、どのくらいひきこもったままになるか、という調査の方が重要です。こちらについては、「登校拒否の予後」研究などでずいぶんデータが集まっています。

その結果をみる限りでは、不登校全体からみて、「社会的ひきこもり」状態にまでいたる事例は、それほど多くはないという印象があります。不登校事例の大部分はこのような長期化をまぬがれうる。それが事実といっていいでしょう。ですから、「学校に行かないこと」をすぐに「社会的ひきこもり」に結びつけて考える必要はありません。

しかし、一部の事例がこのような深刻な状態にいたっているということもまた「臨床的」事実ではあります。この事実を無視しすぎても、誤った対応に結びつく可能性がないとはいえません。

「不登校」を問題視しすぎる必要はありません。しかしまた「今の教育制度においては、まともな感受性を持つ子なら不登校にならないはずがない、不登校こそが子どものあるべき真の姿」といった、ほとんど全面賛美に近いような擁護にも問題がないとはいえません。こうした立場は、不登校児に肩入れしすぎるあまり、しばしばある種の鈍感さの原因となりやすい。また不登校の問題を政治的な問題に重ねすぎるため、治療的な視点が締め出されてしまいがちです。「不登校は病気じゃない」というスローガンが、その典型です。もちろん、すべての不登校が治療を必要とするわけではありません。しかし一部の不登校が、何らかの治療的対応によって救われるということも事実なのです。さきのスローガンが、「すべての不登校が病気とはいえない」という穏当なものでしたら、私も完全に賛同できるのですが。「不登校」自体はすでに現実として、もはや誰もが身近に経験していることです。不登校児の中にも、大検などをどんどん受けて進路を選択できる子もいれば、そのままひきこもってしまう子もいます。つまり不登校児を賛美しすぎることは、ことなったかたちの差別化につながってしまうのではないでしょうか。私はそれをおそれます。見事に自立し、社会参加を果たした不登校児の「エリート」たちのかげには、焦りを感じつつも社会に踏み出すことのできない、膨大な数のもと不登校児たちがいるような気がします。

いってみれば、「不登校」を病気にたとえるなら風邪のようなものですが、これに対して「社会的ひきこもり」は肺炎や結核にたとえられるかもしれません。私は疾患としてのすそ野の広さや慢性性もさることながら、対社会の関係において「社会的ひきこもり」が現代における「抗生剤以前の結核」のような位置にあるのではないかと考えています。

誤解の恐れもありますので、少し詳しく説明します。「社会的ひきこもり」も「かつての結核」も、なんらかの消耗体験（後にショックや疲労感が長く続くような体験）に引き続いて起こります。また治療というよりは環境調整と「養生」的対応が必要になります。対社会的には、いわれのない誤解・偏見が直接、回復の経過に影響することがあります。かなりの程度、家族などの周囲を巻き込みます。これは主として世間体によるためでもあります。就労可能にみえて就労できないということから、つねに世間からの暗黙の非難にさらされます。

しかしこうした類比が正しいものであるなら、そこには何らかの治療論や症候論のヒントが秘められているかもしれません。もっとも心の問題であるだけに、抗生剤の登場にあたるような、速くて確実な治療法を期待することは難しそうですが。

不登校は、かつては登校拒否などと呼ばれて社会問題化した経緯があります。しかし全国で一〇万人ともいわれるほど増加し（文部省平成八年度の学校基本調査）、また日常化してくると、もはやそれを単に病的とみなす意見も説得力を失います。少子化の傾向に逆らうようなこの数量的増加は、不登校が社会病理の直接的な反映であったことを証明するものでしょう。通常の精神疾患であるなら、こうした極端な増加はむしろ起こりにくいものです。また一部の神経症が戦時下では減少するといわれるように、社会病理は必ずしも精神病理に直接に反映するものではありません。ここに「反映」された病理については、後で詳しくふれることとします。

さて、私の調査では、ひきこもり事例の中でこれまでに不登校を経験した人の割合は九〇

%でした。この数字だけみるなら、たしかにかなり高率といえるでしょう。しかしこのことだけから、単純に不登校とひきこもりを関係づけるのは、前にも述べたように誤りです。不登校自体はそのかなりの部分が、なんらかの形で復学や就職などの社会参加を果たしていきます。しかし関連性がまったくないかといえば、もちろんそうともいえません。不登校の一部が長期化して、社会的ひきこもりへと移行することも厳然たる事実だからです。

不登校もまた、さまざまな状態と要因をはらむ多義的な名前です。ひとくくりにして扱うことが乱暴であるのは、社会的ひきこもりの場合と同じことです。しかしまた「社会的ひきこもり」の群と「不登校」の群とが重なる部分が少なからずありうるという推測も、けっして無視されるべきではないでしょう。

さて、私の調査では、不登校を経験したもののうち、三カ月以上の持続的不登校が八六%を占めていました。このことからも、不登校が長期化し、そのままひきこもり状態にいたる事例が多いことが推測されます。社会的ひきこもりの特徴として、一度でもまとまった期間の就労などといった社会参加を経験した事例が少ない、ということがあります。これは、社会的ひきこもりが一種の「未熟さ」と結びついていることから説明できるでしょう。ひきこもり状況は、必ず思春期からの問題を引きずるかたちで生じてきます。つまり、ある程度の社会的な成熟を経た後には、こうしたひきこもり状況はほとんど起こりません。少なくとも私はそのような事例を知りません。

対人恐怖

ひきこもり状態にもっとも多くみられる精神症状の一つが、この「**対人恐怖症状**」です。ただし一部で誤解されているように、「ひきこもり＝対人困難」ではありません。限られた相手や状況下では、ほとんど対人困難を感じずに振る舞うことができる人も少なくありません。逆にいえば健常であっても、あらゆる場面で対人困難を感じないという人は少ないでしょう。

ともかく、きっかけはどうであれ、ひきこもり状況が長期化してくると対人関係は困難なものとなってきます。私の調査では、調査の時点で交際している友人の数が一人、もしくはまったくいないものは四一％でした。また、友人関係があるとされるもののなかでも、頻繁に連絡をとりあったり、行動をともにするような親密な関係のものは一二％にすぎません。本来なら健常者の統計調査と比較すべきなのですが、この数字だけをみても、いかに彼らが乏しい人間関係の中で生活しているかが判ります。また調査時点までに異性との交際経験がまったくないものが七八％を占めており、平均年齢が二十二歳であることを考えると、これもまた対人関係の貧しさを示す結果と考えてよいでしょう。

さて、実際の症状の有無についてはどうでしょうか。調査結果では自己臭、赤面恐怖を含む「対人恐怖症状」は六七％にみられました。

しかし、ひとくちに対人恐怖症状といっても、その訴えはかなり多様なものです。まだ比較的ひきこもり程度が軽く、外出などはそれほど抵抗がない場合でも、「近所の人目が気になる」という人は少なからずいます。ある特定の状況、例えば「制服の人をみると緊張してしまい、不安になる」「年長の人のそばに近寄ることができない」といったものもありますし、中学時代に激しいいじめを経験した二十代の青年は「学生服の集団が恐ろしい」と訴え続けていました。こうした事例では、恐怖と攻撃性がしばしばないまぜになっていて、ちょっとしたきっかけで喧嘩沙汰に及ぶこともあります。

そのほか、「他人の視線が気になるため、電車やバスに乗ることができない」といったものもあります。また自分の家に他人が入ることを極端に嫌うことが多く、人が訪ねてくると隠れてしまったりすることもあります。電話が鳴っても、まったく取ろうともしない人もいます。

また、ある程度社会参加が可能な人でも、その限られた集団の中でさえ、なかなかくつろぐことが難しい人たちがいます。そうした人の話を聞いてみると、「他人の中に入っていっても、雰囲気を壊してしまう」「自分は話題が乏しいので、輪の中に入っても白けさせてしまう」といった、自分を一方的に責めるような訴えが、よくみられます。これが極端になってくると「自分の体からいやな臭いが出ているのではないかと気になる」といった**自己臭妄想**や、「自分の視線がきつすぎるため他人を傷つけてしまうのではないかと不安になる」といった**自己視線恐怖**と呼ばれる症状が出てくることがあります。

また、客観的にはそうでもないのに、自分の顔が醜いと信じ込んでしまう、**醜形恐怖**という症状もよくみられます。「鼻がいびつ」「髪の毛が薄い」「にきびが多すぎる」「太りすぎている」といった外見的特徴を気に病んで、他人と関われないような事例です。

ちょっと前までは**赤面恐怖**という症状が対人恐怖症状の代表的なものだったのですが、こちらは減少傾向にあるといわれ、私の実感でも外来で出会うことは滅多になくなりました。ちょうどこれに替わるようにして目立ってきたのが、この醜形恐怖症状です。

この症状を訴える人は、ほぼ決まって美容整形外科を頼りにします。もちろん保険はききませんから、高額な手術費が壁になって、全部が手術までいたるわけではありません。しかし中には、親に無理矢理手術費を払わせて整形を決行してしまう場合もあります。

手術を受ければ本人も満足し、すみやかにひきこもり状態から脱することができるかといえば、そうは運ばないところがこの症状の難しいところです。たいていの場合、手術の結果が気に入らず、しかし整形医にクレームをつけても埒があかず、結局以前よりもひきこもってしまうということになります。

強迫症状

強迫症状は、本来**強迫性障害**と呼ばれる病気の症状です。無意味な行為や無意味な観念への強いこだわりを意味しています。行き過ぎた几帳面さのイメージが比較的近いでしょう。ガスの元栓を締めたかどうか、わかっていても何度も確認したくなったり、本やノートの角をきちんと揃えておかないと気が済まなかったり、外出してくると手を何度も洗わずにはいられなくなったりするという症状です。

また、ある特定のイメージや言葉を何度も思い浮かべずにはいられない、という症状もあります。こちらは**強迫観念**といわれるものです。立派な人の前にくると、その人の下品な姿を想像せずにはいられなくなる、といった経験は多くの人にみられますが、その極端な形と考えてよいでしょう。

ひきこもり状態には、こうした強迫傾向が伴うことがしばしばあります。いま述べたうちでは、強迫行為のほうが多いような印象があります。調査結果でも「強迫神経症症状」は、ひきこもりの五三％に伴っていました。個人的印象では、この強迫症状は、ひきこもりが長期化した事例ほど多くみられるようです。また、強迫行為のみが原因でひきこもっている事例は少なく、むしろひきこもり状態から二次的に生じた可能性が高いように思われます。例えば長期間ひきこもりつつ強迫行為をやめられなかった患者さんが、入院すると間もなく強迫症状が消えてしまうことがあります。この点からも、ひきこもりの強迫症状は、強迫神経症のそれとは、少し異なっているように思われます。

激しい強迫行為は、しばしば暴力を伴います。とりわけ成田善弘氏が「巻き込み型」と呼ぶタイプのものでは、強迫行為を親に代行させようとするため、本人も家族もくたくたになります。私の経験でも、自分があるものに触っていないかどうか、何度も母親に確認したり、確認の質問を正確にいえなかったりすると、何度でも最初からいい直したりする事例がありました。また清潔さにこだわって、手を何度も洗わずにはいられないために、手の皮がいつも剥けたような状態になっていたり、ドアノブやテレビなどのリモコンに直接触ることができず、ティッシュでつまんでいたりする事例もありました。口の中に唾液がたまることに我慢できず、それを室内で吐きちらしてしまう事例、あるいはまた、室内に尿をせずにはいられないといった、かなり強い程度の強迫症状もありました。とりわけ、強迫的な確認行為は、しばしば母親が代行させられることが多く、母親が少しでもそれを拒否すると、激しい暴力に及ぶ、といった事例も珍しくありません。

これほど極端な症状でなくとも、食事や入浴の時間にきわめて厳格で、数分でも遅れると激しい暴力がはじまったり、自分の通り道をいつも綺麗に整頓しておくことを要求するなど、比較的軽いものは頻繁にみられます。

多くのひきこもり事例が自分の体の不潔さに無頓着のようにみえるとすれば、それは清潔さへのこだわりが行き過ぎてしまった結果であることが多いようです。例えば入浴するさいにも、あまりに念入りに洗おうとするため、入浴だけでも何時間もかかってしまう、といった事例がよくみられます。こういう症状を持つ人たちは、入浴するだけでくたくたになってしまうため、逆にめったに入浴しなくなります。

また多くのひきこもり事例では、他の家族の不潔さにこだわるのに、自分の部屋はモノやごみで一杯の状態になっていることがあります。さきほどの入浴の例と同様に、部屋の片づけをはじめても、それをあまりにも完璧にこなそうとするため、何度はじめても頓挫してしまうからです。このため、ひきこもり状態の事例では、行き過ぎたきれい好きのために本人は逆に不潔になったり、きわめて乱雑で不潔な部屋で生活しているといったような、皮肉な事態がしばしばみられます。

不眠と昼夜逆転

これらも、ひきこもりの事例にはほぼきまってみられる「症状」といってよいでしょう。調査結果では、**「不眠」**のため一時的にせよ睡眠薬の使用を必要としたものが六八％で、**「昼夜逆転」**傾向がみられたものが八一％でした。

この症状も、ひきこもり状態から起こってきたものと考えてよいでしょう。これには生理的な理由と心理的な理由とが考えられます。

まず生理的な理由からみてみましょう。人間の体は、昼間の活動中は交感神経が優勢なのですが、睡眠中は副交感神経が優勢に切り替わります。つまり、緊張状態では交感神経が、リラックスした状態では副交感神経が優位になるようになっています。しかしひきこもりの生活では、起きている時間もほとんど無為にテレビなどをみて過ごすようなことになりがちで、この緊張―リラックスのメリハリが曖昧になってしまいます。このため自律神経のバランスが崩れ、さまざまな身体症状となって現れてきます。その代表的なものがこの「不眠・昼夜逆転」です。

日中の緊張や疲労を、夜間睡眠によって解消するというサイクルが壊れやすいのには、もう一つの理由があります。人体には体内時計が備わっており、これが一日のリズムをつかさどっているのですが、この体内時計を調整するのが日光です。昼間、日光に当たることで、体内時計の周期が正常に保たれます。ひきこもった生活では、日光に当たる機会も極端に減ってしまいますから、このことも昼夜逆転に拍車をかけることになるでしょう。

さらに昼夜逆転には心理的な理由もあります。のちに詳しくふれるように、社会的ひきこもり状態にある人たちは、自分の置かれている状況に深い劣等感を持っています。世の中が活発に動いている昼間の時間帯は、こうした強い劣等感やひけめを意識せずにはいられません。つまり彼らは、昼間起きて無為に過ごすことの苦痛に耐えられないのです。このため、自然に夜更かしをするようになり、またさきにもふれた生理的な理由からも不眠の傾向が強まっていますから、生活時間は次第にずれ込んで、ついにはすっかり逆転してしまうのです。午後二～三時に起き出して、明け方に眠るという生活が平均的な彼らの生活時間となります。

家庭内でのひきこもり

これもしばしば誤解されていることですが、社会的ひきこもりの人たちは、けっして内弁慶ではありません。外に向けては臆病、内向きには暴君、とは限らないのです。むしろ彼らの大半は、自宅でも家族を避けて過ごしていることも多く、ほとんど自分の部屋から一歩も出ないで生活していることも珍しくありません。私たちの調査では、家族の話し相手が限られているか、またはまったく会話がない事例が六〇％もありました。

ひきこもりが重度になってくると、自分の部屋にこもりきりとなり、入浴もせず、トイレも空き瓶などで済ませたり、食事は家族に部屋まで運ばせたりするようになります。こうなってしまうと、ほとんどコミュニケーションをとることもかなわない状態となってしまいます。

また当然のことながら、家族以外の人、例えば親戚などが自宅に入ることも嫌がるようになります。内装工事などで職人が入るようなことも非常に嫌います。ひきこもりもここまで徹底してくると、本人自身何ごとも手につかず、終日茫然として過ごしたり、布団にもぐったまま無為に過ごすような生活になっていきます。

退行

「**退行**」は、これまで述べてきたような症状とは、ちょっと意味が異なります。これは症状というよりは、精神症状の生じてくるメカニズムの説明のための言葉です。本来は、成長した個体が、発達段階のより未熟な状態に逆戻りすることを意味していますが、ここではごく簡単に「**子ども返り**」の意味で用いています。

私たちの調査結果では、攻撃的態度と依存的・退行的態度が交互に認められる、といったような「家族関係の不安定さ」は、四四％でみられました。また、一時的にせよ「親に対する依存的態度、幼児的振舞い」が認められた症例は、三六％でした。これらはいずれも、退行によって起こるものと考えてよいでしょう。

ひきこもり状態は、この退行をしばしばひき起こします。個人的な仮説ですが、これはある意味で、彼らが「健康」であるために生じる現象だと思います。誰しもある限られた空間で、他人に頼らざるをえない状況下に長くおかれると、程度の差はあれ退行を起こすものです。いちばん判りやすい例は入院生活です。ある期間入院生活が続いた患者さんは、相当の社会的地位のある人でも、意外なほど幼稚だったりわがままだったりする側面をのぞかせます。これは自然な反応であって、まったく退行が起こらない人がいたとしたら、それはそれで問題でしょう。

さて、話を戻しましょう。長くひきこもり状態にあった人は、しばしばこの退行、つまり子ども返りの状態に近づきます。その結果、いつも母親にまとわりつき、幼児のように甘えた声を出したり、母親の体に触れたがったりします。時には母親と同じ布団に寝たがり、それほどではなくとも同じ部屋でないと眠れないという事例は珍しくありません。夜中に母親を起こして、長時間延々と話を聞いてほしがることも、一種の退行による症状と考えられます。要求がかなえられないと、ほんとうに子どもが駄々をこねるように、泣き声でせがんだり、手足をじたばたさせたりするような光景もみられます。

退行が問題なのは、これがしばしば暴力につながるためです。家庭内暴力のほとんどは、退行の産物です。これは子どもが親に振るう暴力に限りません。夫が妻に振るう暴力も、退行の産物です。その暴力が退行によるものかどうかをみわけるのは簡単です。その人が家族以外の人に対しても暴力的に振る舞うか否かをみればよいのです。家族以外には紳士的で、家庭では暴君という人は、この退行を起こしているとみてよいでしょう。また、常に暴力的な人は退行的ではないかというと、そのような人は単に人として未成熟であるとみなすことができるでしょう。

家庭内暴力

さて、ここで**家庭内暴力**についてもふれておかなければなりません。ひきこもり状態と家庭内暴力は、きわめて密接な関係にあるからです。

まず調査の結果から示すことにします。「家族への攻撃性」については、一時的に認められたものを含めると六二％の症例で、何らかの形で（暴力以外の）攻撃性を認めました。また、いわゆる「家庭内暴力」は、一過性のものを含めると五一％の症例で認められました。これらは複数回答での集計ですから、重複部分が相当あるものと考えてよいのですが、それでも半数以上の事例で家庭内暴力が出現していた事実には、あらためて驚かされます。

さきにもふれたように、家庭内暴力は退行によって起こるものです。ただし、厳密には退行と同じものではありません。退行が発達の未熟な段階へと戻ることであるなら、彼らの大半は、ほとんど反抗期すらなかったほど「よい子」なのです。つまり家庭内暴力に関しては、かつての状態に戻るということではなくて、退行によってあらたに生じた症状とみなされるべきなのです。

家庭内暴力にもさまざまなものがあります。しかしみな、根は一緒です。私が経験した事例の暴力を、思いつくままに挙げてみましょう。

＊壁を叩く、足を踏みならす

＊大声を出して叫ぶ

＊窓ガラスを割る、壁に穴を空ける、食器を投げるなどの器物破損

＊家の中に灯油を撒き、「火をつける」と脅す

＊兄弟を無理にゲームに誘い、断ると殴る

＊母親に昔の恨みつらみを話すうちに、興奮して殴る

＊母親を殴るのを止めに入った父親に殴りかかる

こうした暴力は、基本的には親への恨みがこめられています。恨みにはかなり具体的な理由がある場合も少なくないのですが、しばしばみられるのは「こんな状態に育てたのは親が悪い」というものです。小さい頃に体罰として叩かれたこと、無視されたこと、辛い時期にそれを判ってくれなかったこと、このあたりはまだ理解することができます。しかし時には、ほとんどいいがかりに近いような恨みもあります。「何か頼んだら一瞬顔をしかめた」

「話を聞きながら居眠りしていた」「『こんな息子では世間体が悪いか』と尋ねたら、強く否定しなかった」などといったものです。私は、家庭内暴力の原因として本人が主張する「恨み」については、それが事実であったか否かを問題にすべきではないと考えます。ここで重要なのは、本人が暴力に訴えてまで家族に伝えたいことは何であるのかを理解することなのです。

家庭内暴力は、さまざまな精神症状と密接な関係にあります。とりわけ関連性が深いのが、強迫症状です。さきにもふれたような、家族に強迫行為を代行させるタイプのものでは、行為を断ったりうまくやらなかったりすると、激しい暴力にいたるということがしばしばみられます。

家庭内暴力については、対策もふくめて、後にやや詳しくふれることにします。

被害関係念慮

ひきこもりが長期間続いた事例などにみられることですが、時おり「近所の人が自分の噂をしている」「家の外で自分のうわさ話をしているのが聞こえた」「子どもたちが通りすがりに自分の悪口をいっている」などといった訴えをする人がいます。これらは**被害関係念慮**などといわれますが、精神医学的には**幻聴**や**妄想**の存在も一応疑っておくべき症状ではあります。より確信性が高い場合は妄想と呼ばれることもありますが、実際にはこれらは、区別が難しいことが多いようです。

私たちの調査でも「幻覚・妄想体験」については、軽度の被害関係念慮なども含めると二〇％の症例に伴っていました。

この症状が重要であるのは、後に述べるように、統合失調症との鑑別が早急に必要とされるためです。統合失調症による症状でなければ、それは妄想様観念といって、本当の意味での妄想とは異なります。なお、妄想と妄想様観念の区別のしかたについては、「統合失調症」の項で詳しく解説します。

抑うつ気分

感情の不安定性、とりわけ**抑うつ気分**も、しばしばみられる症状の一つです。調査結果では、慢性的に気分の変動が激しいものが三一％、軽度の抑うつ状態がみられたものが五九％を占めていました。また抑うつとは微妙にことなりますが「**絶望感、希死念慮、罪責感**」は、軽度のものは五三％が経験していました。

しかし全体的にいえることは、ひきこもり状態の抑うつ気分がきわめてうつろいやすいということです。本来の意味での病的なうつ状態は、むしろ少ないとすらいいうるでしょう。のちにもふれますが、精神病としてのうつ病によるひきこもり状態は、むしろ例外的なものです。ただし、軽いそううつ病の症状を伴う「循環性気分障害」によるひきこもり状態は、時おりみられます。

多くの事例が経験している絶望感や希死念慮は、うつ状態とは無関係なのでしょうか。必ずしもそのように断定はできませんが、これらの感情も理解や共感で受けとめることが可能なものです。例えば彼らの実に八八％が「孤独感、退屈、空虚さ」を経験しているという結果が出ています。何度も強調してきたことですが、ひきこもりの青年たちが安穏に怠惰な生活を送っているというのは明らかな誤解です。彼らは周囲の家族以上に、社会参加できない焦りや絶望感に何度も襲われながら、日々を過ごしているというのが実情なのです。社会の中にしかるべき位置がないということは、それほどまでに本人を追いつめられた気分にさせるものです。ですから、彼らの多くがこのような絶望感や希死念慮におそわれるというのも、彼らの判断力が正常に保たれているということを意味しているとみるべきでしょう。「うつ病」との違いを強調しておくなら、うつ病の患者さんは、しばしば「何もかも手遅れで、取り返しがつかない」と考えています。しかしひきこもりの事例では「一日も早く、何としてでもやり直したい」と葛藤を抱いていることが多い。ただし、あまりにも余裕というものがないために、こうした考えが「希望」に結びつかず、「焦燥感」や「絶望感」にしかつながらないところが、彼らの不幸なのです。

希死念慮と自殺企図

さきにもふれたように、彼らはしばしば強い絶望感や空虚感に襲われながら日々を過ごしています。そして、それが耐え難いほど高まる時、ふと自殺を考えてしまう事例も珍しくありません。こうした「希死念慮・自殺企図」については、四六%にみられ、自傷、自殺未遂歴のあるものは一四%でした。

この数字はきわめて深刻なものですが、反面意外に少ないともいいうるかもしれません。少なくとも、他の精神疾患一般に比較した場合、それほど高い数値とはいえません。私自身の臨床経験でも、他の精神障害をともなわない事例で自殺にいたったものは皆無です。この事実についても、もちろんさまざまな解釈が成り立つでしょう。しかし私は、ここでは彼らの生きようという健全な意志のみを確認しておきたいと思います。

その他の症状

「過食・拒食」といった摂食障害の症状が、一過性にみられることがあります。一般には女性のほうに圧倒的に多く、この場合に限っては、むしろ摂食障害の治療を第一に考える必要があります。男性でみられる場合は、経過からみてやはり、ひきこもり状態に続いて起こったと考えられる事例が多いように思います。

心に原因があって体に症状が出る病気を「心身症」と呼びます。ストレス性の胃炎や高血圧などが代表的なものですが、摂食障害なども心身症の一つとされています。こうした「心身症状」については、もっとも多いものが心因性と思われる「自律神経症状」です。こちらは全体の六六％にみられました。原因については「不眠と昼夜逆転」の項目でもふれましたが、生活の不規則性が最大のものと考えられます。このほか心因性のストレスもかなり関与していることは間違いないでしょう。

とくに病気でもないのに「病気なのではないか」「病気になるのではないか」といったことが気になる症状、「心気症状」については、自分の健康状態に過敏なものをふくめると六〇％に認められました。

　また、こちらは非行との関連性がもっとも強いのですが、シンナーやブロンなどを常用するような「薬物依存」については、慢性的なものが六%、一度でも経験のあるものを含めると一八%に認められました。

その他の背景

　ここでは社会的ひきこもりについて、これまでに述べてきたような症状以外のさまざまな背景についてふれておきます。

　事例の家族背景については、父親は大卒の会社員、とりわけ管理職が多く、母親も高卒かそれ以上で専業主婦というパターンが平均的で、多くは現代日本の中流以上の階層が占めています。また離婚、単身赴任などの特殊家庭事情については、特に問題ないものが七割近くを占めています。臨床上の印象からみても、ひきこもりの事例の背景に、極端に破綻した家庭環境や、虐待などといった「大きな」問題が控えていることは少ないように思います。むしろ「ひきこもり」が、さまざまな意味でわが国のもっとも平均的な家庭にみられるという事実は、この問題が現代日本の社会病理と深い関わりを持つことの傍証でもあるでしょう。おそらくそれは「青少年の無気力化」といった、一種素朴な問題意識ではすくいきれない病理性ではないかという、漠然とした予感もあります。

兄弟については、本人も含めて二人以上が八五・〇％で、順位では第一子が六〇％と過半数を占めていました。さらにこのうち、第一子長男の占める割合が四九％となっています。長男は第一子とは限らないため、長男だけの比率は確実に過半数を占めることになり、「社会的ひきこもりは男性、とりわけ長男に多い」という推測は、あながち無根拠なものではありません。長男に過大な期待がかかりがちな日本の社会的背景から考えても、興味深い結果といえるでしょう。

事例がひきこもり状態にいたるきっかけについては、「不明」であるものがもっとも多く三九％、次いで「家族以外の対人関係の問題」が三八％、「学業上の挫折体験」が一八％、「就学環境の変化」が一〇％という順になっていました。

最初にどのような症状ではじまったかについては、「不登校」がもっとも多く六九％、ついでひきこもりの二九％、無気力の二五％となっていました。またひきこもりの持続期間については、初診時点で平均二十三カ月間、評価の時点では平均三十九・〇カ月間であり、もっとも長期のものは百六十八カ月間（十四年間）におよんでいました。

問題が起きた時点での所属は「高一」が二三％ともっとも多く、ついで「中二」、病院にはじめて受診した時点の所属は「所属なし」が四五％と半数近くを占め、ついで「高一」「高二」の順でした。この結果は、問題が生じてから相談機関を訪れるまで、年単位の時間がかかってしまうという事情を反映しています。また本人の最終学歴は「中卒」がもっとも多く三一％、ついで「高卒」二九％、「高校中退」一八％となっており、現在の職業については「無職」がもっとも多く四八％、次いで「学生」が四四％という結果でした。

「社会的ひきこもり」の「発症」のきっかけで、明らかなものとしては「学校関係」が大半を占めています。発症時平均年齢は十五・五歳ですから、彼らの多くは問題が起こった時点では学生であり、これは当然の結果といえます。したがって最初の「症状」として、いわゆる「不登校」が七割近くの事例で認められたこと、また経過中に起こったものをすべて含めるなら、九割近い事例に不登校を伴っていたことは重要です。

不登校は思春期・青年期における不適応のサインとして、あるいはなんらかの精神疾患の初期症状としてきわめて重要ですが、この結果はそれを裏付けるものです。緒言でもふれたように、いわゆる不登校の予後調査はこれまでにいくつかの報告があります。しかし予後不良の群についての十分な追跡調査は、ほとんどなされて来ませんでした。私たちの調査には、経過の思わしくなかった不登校群の予後調査という側面もあるように思われます。ともかく、一部の不登校事例がひきこもり状態として長期化の経過を辿り、ひきこもりの経過が長くなるほど社会復帰が困難になるという事実は、軽視されるべきではありません。

「ひきこもり」の心因は何か

「ひきこもり」が心因性の障害であるとして、その「心因」とは何なのでしょうか。たしかに、そのきっかけとして、学校でのさまざまな挫折体験、例えば失恋であるとか、成績不振、受験の失敗、あるいはいじめられ体験などが考えられますが、それが原因のすべてなのかどうか。もしそれだけが心因であるとすれば、そうした外傷体験が、これほど長期間の影響をもたらすのはなぜでしょうか。なるほど、ある種の心因性の疾患は、その心因となる体験の後、何年間も症状が持続します。しかしそれらは多くの場合、体験と症状のつながりが、はっきりとは意識されていない場合が多いのです。記憶の底に封じ込めてしまったはずの辛い体験が、無意識を通じて症状をひきおこすというのが、さまざまな神経症のパターンです。これに対してひきこもり事例では、きっかけとなった体験に関する記憶が、鮮明に保たれていることがほとんどです。

さきにもふれたように、「ひきこもり」の場合は、心因とされる経験に比べて、それがひきおこす事態の深刻さがあまりにも重大であるという印象があります。これはおそらく、「ひきこもり」が単一の心因にもとづいて起こる障害ではないためでしょう。それは原因において複合的であると同時に、外傷が外傷を生み出していくような、一つの悪循環のシステムであろうと考えられます。たしかに、発端は成績の低下、友人との不和、いじめられ体験などにあるでしょう。しかし、このためにひとたびひきこもってしまうと、対人関係によって補われるはずの治癒の機会が奪われてしまいます。そう、外傷やストレスは他人から与えられるものですが、同時に他人からの援助なくして、外傷からの回復もありえないのです。「ひきこもり」の自然治癒が難しいのも、他人との有意義な接点がないことが原因の一つと考えられます。つまり「ひきこもっていること」それ自体が、外傷にひとしい影響を持ってしまうのです。また、そのように考えなければ「ひきこもり」における心因と、その結果のアンバランスを説明できません。

以上の考え方は、「ひきこもりシステム」の章で、やや詳しくふれることにします。

3 さまざまな精神疾患に伴う「ひきこもり」

初期診断の重要性

冒頭でも述べましたが、「社会的ひきこもり」は病名ではありません。現在のところ、こうした状態を総称するような適切な病名はありません。また「ひきこもり」をもって単一の疾患とみるべきではない、という意見もあり、これはそれなりに正当なものです。

もちろん、この本でとりあげている「社会的ひきこもり」以外にも、同じような状態にいたる疾患はいくつかあります。初期の対応が明暗を分けることもあることを考えると、ここで関連する疾患について簡単に整理しておいたほうがいいでしょう。

疾患の説明に入る前に、簡単な精神科のおさらいをしておきたいと思います。

まず精神障害の分類についてです。精神科の病気は、その原因によって三つに分けられます。すなわち、「心因性」「内因性」「外因性」というものです。

「心因性」の疾患は、さまざまな心の問題が原因となって引き起こされます。ショックやストレス、あるいは子どものころの心の傷などから起こる病気です。したがって脳の機能そのものには異常がみられず、検査によって診断することができません。「社会不安障害」や「強迫性障害」「摂食障害」などは心因性の疾患です。

「内因性」の疾患は、おそらく脳の機能の何らかの異常が原因となって引き起こされると考えられます。しかしその機能の異常は、やはり検査ではみつけることができません。いわゆる「精神病」、すなわち統合失調症や躁うつ病は、内因性の疾患です。

「外因性」の疾患は、器質性疾患ともいわれます。脳神経系の実質的な異常があり、それが脳の機能に障害をもたらし、それによって起こる疾患です。これらは脳のCTスキャンやMRI、脳波などの検査によって診断できます。てんかん、自閉症スペクトラム障害、認知症などは外因性の疾患とされています。

「社会的ひきこもり」は、以上の分類を用いるなら、心因性の問題ということになります。

ただし、他の精神障害でも「ひきこもり」は起こります。したがって、治療をはじめる前に、きちんと診断したうえで治療方針を決めておく必要があります。「親御さんだけでは治療にならない、本人を連れてきてください」という病院が少なくないのは、直接に会わない限り、正確な診断ができないからです。診断せずに本格的な治療にはいれないのは、当然のことではあります。

おそらく初期の対応でもっとも問題となるのは、「統合失調症か否か」という点でしょう。もしそれが統合失調症によるひきこもりであるなら、治療は薬物療法が中心となります。この場合は、適切な薬物療法がなされるだけで、すみやかに改善することも少なくありません。逆に放置されると慢性化してしまい、時には人格まで変わり果ててしまったようにみえることもあります。

それでは、ひきこもり状態を起こすことのある疾患には、どのようなものがあるでしょうか。

統合失調症

まずもっとも重要な疾患である「統合失調症」と「社会的ひきこもり」とは、どう区別されるでしょうか。

もちろん、統合失調症のなかでも「ひきこもり」を伴うものはその一部です。多くの場合、幻覚や妄想などの症状を伴い、これらは明らかに異常な言動としてあらわれます。こうした誰の目にも明らかな異常性（「陽性症状」といいます）がある場合、診断は比較的簡単につきます。

しかし統合失調症のなかには、もう少し症状の目立たないタイプのものがあります。これが軽いためかというと、必ずしもそうではないところが、統合失調症診断の難しいところです。陽性症状の目立たないタイプの場合では、むしろ「ひきこもり」や「無気力」が目立つようになります。これらはさきほどの「陽性症状」に対して「陰性症状」と呼ばれます。このような事例では、それが心因性の「社会的ひきこもり」なのか、統合失調症であるのかを判断することは、大変難しい問題となってきます。

さきに紹介した「ＤＳＭ－Ⅳ」（当時。現在はＤＳＭ－５）という、ほぼ全世界共通の診断マニュアルも、統合失調症か心因性のひきこもりかを区別するうえでは、あまり役に立ちません。「社会的ひきこもり」事例には、ＤＳＭ－Ⅳでは統合失調症の特徴とされる「感情の平板化」「著しい社会的孤立またはひきこもり」「期待される社会的発達レベルまで達しないこと」「機能の著明な障害」「身辺の清潔と身だしなみの著明な障害」「会話の貧困や会話の内容の貧困」「自発性、興味、気力の著しい欠如」といった状態がしばしばみられるからです。

それでは、明らかな幻覚や妄想がみられるなら「統合失調症」と診断してよいか。これもそう単純にはいきません。前の章でも述べたように、「社会的ひきこもり」にも妄想らしきものが出てくることがあるためです。「近所の人が窓の外で自分の悪口をいっている」「よその車が家の前に止まって、自分を監視している」などといった訴えがみられることも珍しくありません。

こうした訴えを、統合失調症本来の「妄想」と区別するのは、大変難しいことです。あるいは専門家でも誤ることがあるでしょうし、私も誤診の経験があります。つまり「妄想」と、ひきこもりの「妄想様観念」とは、理論的には区別できないのです。無理に理屈をつけようとすれば、「この妄想は統合失調症的ではないから統合失調症ではない」といった、もっともらしいが実は何もいっていないに等しい判断にならざるをえません。しかし、そうした制約は承知の上で、ここではあえて統合失調症と「社会的ひきこもり」の「印象の違い」について述べておきましょう。

まず一番の違いは、ひきこもり事例の「妄想様観念」では、なぜそのような観念を持つにいたったか、その筋道や因果関係をある程度理解できるということです。いかに被害妄想的とはいえ、本人がなぜ被害的にならざるをえなかったかは、かなり共感できることが多いのです。後にもふれますが、本人がどのような点にもっとも劣等感や恥ずかしさを感じているかを理解することで、こうした共感はある程度可能になるといってよいでしょう。おおざっぱな言い方ではありますが、統合失調症の場合は、このような共感が難しいことが多いように思われます。

さらに統合失調症では、独特の「奇妙さ」がみられます。この「奇妙さ」ばかりは、その感触を言葉でいいあらわすことがたいへん難しい。ただ突飛であるとか、変であるとか、そういった表現ではくくれない違和感なのです。

比較的多い例を挙げておくなら、「TVで自分のことが流れている」といってTVをまったくみなくなったり、あるいは「電波や電磁波が送られてきて苦しめられる」といった訴えがあります。また、一人でいる時にぶつぶつと独り言をいっていたり、あるいは独り笑いをしきりにするような場合があります。奇妙な行動の例としては、隣家に火のついた紙片を投げ込む、といった行動の事例もありました。もちろん、これらとて絶対とはいえませんが、こうした言動を示す事例では、私はまず第一に統合失調症を疑うことにしています。

私の考えでは、「社会的ひきこもり」と統合失調症の最大の違いは、十分なコミュニケーションが成立するか否か、につきると思います。どんなに無口な性格であっても、それが

「社会的ひきこもり」の事例であるなら、本人のいいたいことや訴えたいことは、表情や行動などからなんとなく判ることが多い。その苦しさを、まわりの人も、ある程度努力すれば理解できることが多いのです。慣れてくれば、例えば本人が無言のままどすんと床を踏みならした場合でも、何が気に入らなかったのか推測できるようになるものです。

いっぽう、統合失調症の場合は、これが難しい。本人がなぜそのような行動をとるのか、理解に苦しむことが多いのです。およそ脈絡がなく、唐突に奇妙な行動が繰り返される場合は、やはり統合失調症を第一に疑うことになるでしょう。

このことに関連して、心因性のひきこもりと統合失調症とをみわける方法を精神科医の春日武彦氏に教わったことがあります。氏によれば、治療者からの手紙やメモを家族を通じて本人に手渡してもらい、それを手にとって読むようであれば心因性のもの、まったく関心を示さないようであれば、統合失調症を疑う、ということでした。これは私自身の臨床経験からも、きわめて納得のいく方法のように思われました。

社会的ひきこもりの事例では、人を避けているようで、実際には人とのふれあいを切望していることが多いのです。いっぽう統合失調症の事例では、他人との接触を完全に避けようとするか、あるいは完全に無関心であることが多い。もちろん一〇〇パーセントではないにせよ、この鑑別法には、かなりの臨床的な有効性があると私は考えています。

スチューデント・アパシーと退却神経症

ひきこもりに関連する問題行動として、不登校とともにもっとも重要なものが、この「スチューデント・アパシー」です。

スチューデント・アパシーは七〇年代から注目されるようになった疾患概念です。ひとことでいえば大学生の不登校を意味します。ただし、通常の不登校とはいくつかの点で異なった特徴を持つため、独自の概念として研究が進められてきました。

まず、この概念について簡単に説明しておきましょう。

一九六一年にスチューデント・アパシーを初めて記載したP・A・ウォルターズは、その心理について次のように説明しています。スチューデント・アパシーは男性にしばしばみられ、テストなどの競争的場面を避ける傾向があります。このため男性としてのアイデンティティが発達しにくくなり、これが主な原因となってアパシー状態が続きます。また「競争の回避」は一種の攻撃性としての意味を持つといわれています。

名古屋大学名誉教授の笠原嘉氏は七〇年代から八〇年代にかけて、このスチューデント・

アパシーの概念をわが国に紹介し、本国アメリカ以上に活発な研究活動の基礎を作りました。

笠原氏はスチューデント・アパシーの病理を学生にのみ限定せず「退却神経症」という新たな臨床単位を提唱しました。以下にその特徴をまとめてみます。

＊中心は大学生年齢で、男性に多い

＊無関心、無気力、無感動、また生きがい、目標・進路の喪失の自覚、アイデンティティの不確かさを訴える

＊不安、焦燥、抑うつ、苦悶、後悔などといった苦痛感をともなわないため、みずからすすんで治療を求めない

＊自分のおかれている状態に対する深刻な葛藤がなく、その状態からぬけ出そうという努力をまったくしない

＊自分が異常であるという自覚がないわけではなく、対人関係に敏感で、叱られたり拒まれたりするとひどく傷つく。自分が確実に受け入れられる場面以外は避ける傾向がある

＊苦痛な体験は内面的な葛藤などの症状には結びつかず、外に向けて行動化される。すなわち、無気力、退却、それによる裏切りなどの行動としてあらわす。暴力や自殺企図な

どのような激しい行動化は少ない
＊学業への無関心については部分的なもので、アルバイトには熱中するなどのいわゆる「副業可能性」が高い
＊優劣や勝ち負けへの過敏さがあり、敗北や屈辱が予想される場面を避ける傾向がある

以上の特徴は、社会的ひきこもりの青年たちの一部にもかなり当てはまります。とりわけ大学生のひきこもり事例については、そのかなりの部分がスチューデント・アパシーと重なるでしょう。

通常、社会的ひきこもりの事例では、しばしば強い葛藤や暴力などの行動化がみられます。この点ではスチューデント・アパシーの記述とは一致しないようですが、こうした葛藤が何に由来するものであるかを考えれば、それほど相違がないということが判ります。

ひきこもり青年たちの葛藤は、現状への不満や劣等感から引き起こされることが多いのです。しかし大学に籍がある場合は、こうした強い葛藤は当面棚上げにすることができます。大学生という社会的なポジションが、強力な心理的よりどころとなるためでしょう。また世間も大学生という身分にはまだまだ寛容です。浪人生や留年生が珍しくない大学という空間

は、わが国においてほとんど唯一、年齢差による焦燥感を免れうる社会です。また義務や生産性もほとんど期待されない時期でもあり、さまざまな点でプレッシャーの少ない生活圏があります。

しかし大学在籍時は葛藤を棚上げにできても、卒業してしまえばそうはいきません。私の経験からも、スチューデント・アパシーからはじまって深刻な社会的ひきこもり状態にいたった事例はまれではありません。また大学生の不登校事例でも、対人困難が強い場合は、通常の社会的ひきこもりと同様、強い葛藤を訴えることも少なくありません。

スチューデント・アパシーと社会的ひきこもりとの間に、あえて区分を設けることには、あまり積極的な意味がないように思います。したがって本書においては、スチューデント・アパシーも社会的ひきこもりの一形態であるとみなすことにします。

回避性人格障害

ひきこもり事例に対して、最近この診断名を用いる医師が増えつつあるようです。「人格障害」とは、冒頭でもふれたように心因性の精神障害とみなすことができます。ただし、まだ発達途上にあるとみられる多くのひきこもり事例について、それを「人格障害」といった固定的な見方（定義上そうなります）で捉えきれるものなのか、疑問がないわけではありません。

さて「回避性人格障害」はDSM－Ⅳの診断基準では次のような特徴を持つとされています。

社会的制止、不適切感、および否定的評価に対する過敏性の広範な様式で、成人期早期にはじまり、種々の状況で明らかになる。以下のうち、四つ（またはそれ以上）で示される。

(1)批判、否認、または拒絶に対する恐怖のために、重要な対人接触のある職業的活動を避ける。

(2)好かれていると確信できなければ、人と関係を持ちたいと思わない。

(3)恥をかかされること、または馬鹿にされることを恐れるために、親密な関係の中でも遠慮を示す。

(4)社会的な状況では、批判されること、または拒絶されることに心がとらわれている。

(5)不適切感のために、新しい対人関係状況で制止が起こる。
(6)自分は社会的に不適切である、人間として長所がない、または他の人より劣っていると思っている。
(7)恥ずかしいことになるかもしれないという理由で、個人的な危険をおかすこと、または何か新しい活動にとりかかることに、異常なほど引っ込み思案である。

これらの診断基準は、たしかに「社会的ひきこもり」状態のかなりの部分に該当するものといえるでしょう。ただし、重なる部分が大きいことも事実ですが、実はこれらの診断基準は、強い対人恐怖傾向のある人にもあてはまってしまいます。もちろん社会的ひきこもりの成人事例に対してこの診断を下すことは、誤りとはいえません。後に「国際比較」の項でも述べるように、標準化を考えるならこの診断がもっとも適切とすらいいうるでしょう。私がこの診断を全面的に受け入れることができないのは、そもそも「人格障害」という診断をあまり信用していないという個人的事情が理由の一つです。回避性人格障害の診断基準にある行動のパターンは、思春期事例の経過の中で、しばしば一過性にもみられるものです。そのような事例にまで「人格障害」の診断を下すことには、どうしても抵抗があるのです。むしろ広義の心因性障害の一つと考えて治療戦略を立てるほうが、有効かつ有意義であろうと思います。

境界性人格障害

「境界性人格障害」は、最近では「境界例」や「ボーダーライン」としてマスコミにも取り上げられる機会がふえてきました。これはひとことでいうなら、対人関係や情緒などがきわめて不安定で、しばしば暴力事件や自殺未遂を起こして問題となる事例を指しています。人やものに対する態度が善と悪の両極端にわかれがちで、いつも空しさや漠然とした怒りを抱えており、孤独に弱い反面、安定した人間関係をつくることもできず、長年にわたり不安定な状態が続く人というイメージです。このように述べると、社会的ひきこもり事例とはあまり関係がなさそうに思われるかもしれません。なんといってもこの「病気」の特徴のひとつは、「人とかかわらずにはいられない」というものですから、ひきこもりどころか、その対極にあるとみることもできるでしょう。

しかし、ことはそう単純ではありません。しばしば経験することですが、経過からは通常の社会的ひきこもりの事例と同じようにみえていた人が、治療が進むにつれて、次第に境界例のような状態に変わってくることがあります。とりわけ、入院治療でそのような変化が起こることが多いのです。どのような事例がそうした変化を起こすかについては、事前に区別することが困難で、治療を開始してみなければ判りません。なぜこのようなことが起こるのでしょうか。前出の笠原嘉氏は、スチューデント・アパシーと境界例が、病理としてかなり共通するものがあるのではないか、と指摘しています。境界性人格障害の特徴といわれる病理には、自己アイデンティティの障害、自己分割（splitting）、無快楽、空虚感があるとされます。これらは社会的ひきこもりの事例でも、しばしば認められるものです。また笠原氏は、境界例では「行動化」、すなわち暴力や自殺未遂などの症状がみられるのに対して、スチューデント・アパシーでは社会生活からひきこもるという「陰性の行動化」がみられるとしています。

ここで、境界例に関して、私の個人的な見解を少し述べておきましょう。いわゆる境界例とは、私たちすべてが多かれ少なかれ所有している、必ずしも病理的とは限らない心理が極端なかたちで表現される事例です。例えば境界例の病理とされる「投影性同一視」は、私たちの日常生活においてもみられます。これは友人に腹を立てている時に、逆にその友人が自分に対して怒っていると感ずるような心理を指す言葉です。このように、程度によっては正常とみなされるはずの心理状態が、境界例では極端なかたちで出てしまうと考えてよいでしょう。だから、私たちと境界例の事例との間には、「健康」と「病気」をわけるような明確な境目はありません。また、ある種の対人関係の中にあっては、健康な成人が境界例のようなふるまいに出ることも珍しくありません。「治療者が境界例を作り出す」といわれるのは、このような場合を指しています。したがって、健常者以上に病理的な状況におかれやすい「社会的ひきこもり」の事例が、時に境界例のような状態に変わっていくのは、十分にありうることです。

思春期妄想症

「思春期妄想症」とは、思春期に特有の、とくに自己視線恐怖、自己臭などを中心に訴えるような事例の総称です。これらの訴えは、いくら周りの人が彼らの「思い込み」「勘違い」を説得しても、ほとんど変わりません。その意味では、妄想に近い思い込みなのですが、さまざまな点で統合失調症とは区別されます。経過中も症状がそれ以上に発展することは少ないことや、症状についての頑固な思い込みを除けば、日常の言動にさほど異常な点が目立たないということもあります。この種の事例は、名古屋大学（当時）の植元行雄氏らによって最初に報告されました。

名古屋大学の村上靖彦氏らの報告では、思春期妄想症では「自己不全感」、「出直したい」願望、「魔術的短絡思考（過去に戻って一からやりなおせると思い込むような）」が強いとされています。また、他人が自分に対して持つであろうイメージを、自分のものとして受け入れることを拒む傾向があるとされます。これらの特徴は、社会的ひきこもりにもあてはまるところがあります。「思春期妄想症」は、ひきこもり事例とかなり重なる診断とみることができるでしょう。

うつ病

笠原嘉氏は、うつ病とスチューデント・アパシーとの鑑別に関して、帝京大学の広瀬徹也氏のいわゆる「逃避型抑うつ」など、関連性のある診断名についてふれながら、うつ病と異なるスチューデント・アパシーの特徴として、次のような点をあげています。

a．憂うつ感、悲哀感、罪責感が欠けていること

b．自律神経症状、睡眠障害、（うつ病にみられがちな）気分の日内変動が欠けていること

c．二次的にはうつ状態になりうるが、それが主な感情ではないこと

d．他者の助けを求めないこと

e．生活全般にわたり、活動性の低下がみられるわけではないこと

またスチューデント・アパシーの概念を唱えたウォルターズの指摘によれば、スチューデント・アパシーの事例は、うつ病患者のように「外界から愛をむしりとるようなことはしない」といいます。スチューデント・アパシーの事例はむしろ、「外界は自分の欲するものを含まない」として拒むことが多いというのです。この点は、社会的ひきこもり事例一般にもあてはまる指摘といえるでしょう。

ここに引用した笠原氏の指摘は、一部のひきこもり事例にはよくあてはまるものですが、a、eなどのように、あまり該当しない項目もあります。「うつ病」と診断する上で重要な、bのような「身体症状」、とりわけ睡眠障害や食欲不振、朝の抑うつ気分などといった症状については、ひきこもり事例には顕著ではありません。また、cのように、「抑うつ気分が一次的ではない」という点はやはり重要な違いです。しかし、なんといっても最大の違いは、「うつ病」であれば薬物療法で治療しうるという点です。抗うつ薬の進歩で、通常のうつ病であれば、薬物療法によって、八〇％程度の改善率が期待できます。社会的ひきこもり事例については、もちろん薬物が部分的に有効である場合もありますが、これほどの効果は

期待しにくいことが多いのです。

分裂病質人格障害

この診断は、かつて「精神病質」の一つであった「分裂気質」にほぼ相当します。一つの性格傾向として、内向的で孤独を好み、社会的にひきこもりがちな人を指しています。こうした傾向は、部分的にはひきこもり事例と共通するものでしょう。しかし笠原氏は、この診断とスチューデント・アパシーとの主な違いとして、次の点をあげています。

a．（スチューデント・アパシーでは）他者への疑り深さ、孤立傾向、物事に受け身であること、態度に「冷たさ」や「硬さ」がすくないこと

b．（スチューデント・アパシーは）問題が起こる以前は活発であることが多く、また治療によって回復する可能性があること

これに加えて、DSM－Ⅳの分裂病質人格障害の診断基準の項目で、ひきこもり事例には典型的ではない特徴としては、次のものがあります。

c．他者の賞賛や批判に対して無関心である

d．社会的関係に対する欲求を持たない

これらの点は、ひきこもり事例では、むしろ正反対の傾向がみてとれます。つまり、ひきこもり状態にある人たちは、普通以上に「ほめられること」を望んでおり、「批判されること」に過敏になりがちです。つまり、心のどこかでは他人との関係を強く求めていることが多いのです。

循環性気分障害

近年注目されている診断概念に「循環性気分障害（チクロチミア）」というものがあります。これは、ごく簡単にいうと、軽症の躁うつ病にあたります。この診断は主にアメリカで使用されることが多く、わが国ではあまり使用されず、事例の報告もほとんどありません。しかし、かなり重いうつ状態と、軽躁状態を繰り返すこの疾患は、臨床の現場では時おり出会うことがあります。アメリカでは、H・S・アキスカルをはじめ、多くの研究者がこの疾患について報告をしています。本質的には躁うつ病と同じ疾患で、たんに重症度が違うだけとされることが多いようです。また実際に、長期間経過を追っていくと、しばしば本当の躁うつ病に移行するとされています。

この疾患は、早く発症すると、社会生活のうえで深刻な問題を引き起こしがちです。もともとは能力もあり対人関係も苦手ではないので、学生時代までは問題なく過ごす場合もあります。しかしひとたび社会に出ると、行動に一貫性がないため、安定した就労はきわめて困難になります。このため軽躁状態のまま就職しては、トラブルを起こして馘《くび》になり、自信をなくしてうつ状態になるようなことを繰り返します。性格や行動の傾向については社会的ひきこもり事例と対照的ですが、結果としてひきこもっているにもひとしい経過をたどる場合が多いようです。事例の数としてはけっして多くはありませんが、私もこれまでに五例ほどこうした事例の経験があり、稀な疾患ということでもないようです。

循環性気分障害の事例は、ひきこもり事例とはむしろ対照的なところが多いので、みわけることはさほど難しくありません。また、ひきこもり事例よりは薬物療法による改善が期待できます。ただし、対応をあやまるとひきこもり事例以上に治りにくい場合もあるため、安易に考えるべきではありません。

4 社会的ひきこもりは病気か

従来の精神医学の中での位置づけ

「社会的ひきこもり」は病気なのでしょうか。この点はある程度はっきりさせておく必要があります。もし病気であるのなら、とりあえずの対処法を講じつつも、診断と治療のシステム整備を並行してすすめていく必要があるでしょう。

事例の増加に伴い、専門家もその存在を無視できない状況になった時、混乱を少なくする方法はあるでしょうか。私はそれが「ひきこもり」という状態を、できるだけ従来の精神医学の中に位置付けておくことだと考えます。もちろんこうした事例には、さまざまに時代を反映する部分もあり、従来の枠組みのみではくくれない部分もあります。しかし、ことさらに新しい部分に注目する前に、共有可能な言葉で記述しておくことは、やはりどうしても必要な手続きです。

これまで私は、こうしたひきこもり状態についての精神医学的検討を重ねてきました。本章ではこれらの検討結果に加え、「社会的ひきこもり」状態を、従来の精神医学の中にどのように位置付けることができるかを考えてみます。

精神科医へのアンケート調査

一九九二年の四月から五月にかけて、私は筑波大学社会医学系の稲村博氏らとともに、「社会的ひきこもり」に関する精神科医の意識調査を試みました。調査の対象としたのは全国の大学医学部などの精神科教授九九名、日本児童青年精神医学会会員の精神科医一〇三名、全国の上記以外の治療機関の精神科医一〇一名の計三〇三名でした。

以上の先生がたに、アンケート形式の質問紙を郵送したところ、一〇二名の先生方から回答がありました。その結果を集計したところ、なかなか興味深い結果が得られました。残念ながら、三つの群で回収率にばらつきが多く、全体の回収率も十分ではないことなどから、医学論文としては必ずしも意味のある結果とはいえないのですが、一つの参考資料としてここで紹介してみましょう。

アンケートでは、次のような四つの特徴条件をすべて満たすような事例について、医師としてどのように判断するかを尋ねました。

(1)一年以上にわたって持続的に社会的ひきこもり状態にある
(2)心因性に発症した可能性が高い（器質性・内因性の可能性が否定されるか、きわめて可能性が低い）
(3)二十代後半までのあいだに発症している
(4)ひきこもり以外の他の症状を伴わないか、伴っても二次的に生じた可能性の高い症状（対人恐怖、強迫症状、家庭内暴力、軽い被害念慮、その他）にとどまる

まず、こうした事例の増加傾向についての質問に対しては、「事例の経験はあるがとくに増加傾向は感じない」という回答が五七％、「近年増加する傾向にあると感ずる」という回答がこれに次いで二九％でした。

診断的にはどのように考えるかとの質問に対しては、「従来の診断分類で診断できるが、かならずしも十分でない」という回答が五七％、「何らかの形で新たな診断分類を必要とする」とした回答が二二％でした。

また、こうした事例にもっとも該当すると思われる診断名については「回避性人格障害」が最多で三六%、「随伴する症状によって診断する」がこれに次いで二五%、「退却神経症」が二三%、という結果となりました。

私が個人的に意外だったのは、このような事例の経験がない治療者が意外に多かったこと、また逆に、増加傾向を指摘する方が三割近くを占めていたことでした。従来の診断分類では足りない、あるいは不十分との判断が八割近くを占めていたことは、私の実感と一致します。診断名については複数回答がほとんどで、ひきこもり事例群が必ずしも一様のグループではなく、その中にさまざまな状態像が含まれているとみる治療者が多いようです。実は私も臨床場面では、ひきこもり患者については「対人恐怖症」「強迫神経症」などといった、随伴する症状によって診断することがほとんどです。これは他の医師やスタッフとの連携を重視し、まず状態像を共有しやすくするためです。

治療の必要を認める見解

さて、アンケート結果の引用を続けましょう。こうした事例の治療の必要性については、「治療が必要である」という回答が五〇%、「事例によっては治療の対象でありうる」という回答が四八%と、なんらかの形で治療の必要を認める回答がほとんどを占めていました。また、どのような事例に対して治療を開始するかについては「本人、もしくは親が希望した場合」「統合失調症が疑われた場合」「自傷他害の恐れが高まった場合」といったコメントが多く寄せられました。ここで治療の必要を認める見解が回答のほとんどを占めたことの意義は、たいへん大きいと思われます。

ひきこもり事例に対して有効と考えられる治療法については、「精神療法」が八七%、「薬物療法」が六七%、「入院治療ないし収容治療」が三一%となっていました。

ここでは「精神療法」の意味をひろくとって、精神科で行われる治療法のうち、薬物や物理的な刺激を用いない方法全般を指していますが、一口に精神療法といっても、その内容は実にさまざまです。アンケートではさらに、精神療法としてはどのような治療技法を念頭において対応するか、という質問項目を設けました。それに対する回答としては「家族療法」という回答が五四・二%、「来談者中心療法」が家族療法に次いで五三・一%となっていました。

もちろん日本で本格的な家族療法が普及しているわけではありませんから、この結果は多くの精神科医が家族を重視しているというほどの意味に解釈すべきでしょう。同様に「来談者中心療法」というのは、別名ロジャーズ法などとも呼ばれますが、患者さんの訴えをまず受容することを大切にして、あまり指図がましいことはいわないようにするという姿勢を意味しています。この結果には、多くのひきこもり事例が治療意欲に乏しく、治療が中断しがちであるために、治療者の対応は受容的・非指示的なものにならざるをえないという事情が反映されているかもしれません。

さて、家族が重要であるという認識がかなり広くなされているならば、なかなか通院しようとしない本人に代わって家族だけが相談に通うことについてはどうでしょうか。結果は「何らかの改善は期待できる」という回答が六四％、「どちらともいえない」という回答が二六％となりました。

社会復帰への見通し

治療が進み、本人も通院するようになって、いよいよ社会復帰となった時、それをどのように進めていくべきか。社会復帰のために有意義と考えられる活動について質問してみました。

「精神科デイケア施設」が五六％、「アルバイト」が三四％、「知人・親戚の職場」が三三

%、「趣味の同好会など」が二五%、「専門のスタッフがかかわる形での〝たまり場〟的施設」が二二%、「精神障害者のための作業所」が二二%という結果でした。

また「ひきこもりの予後」についての質問には、「典型的な経過というものはない」という回答が六三%、「治療的関与があればよい見通しをもちうる」との回答が二一%、「治療をしてもきわめて深刻」という回答が一二・八%でした。予後についての私の見解は、回答の大多数と一致します。すなわち「ひきこもりは放置した場合はさまざまな経過をたどるが、治療への導入が成功すれば、それなりによい見通しが持てることが多い」というものです。

このアンケートには、通常の回答に加えて、多くの貴重なコメントをいただきました。なかでも治療の基本姿勢として、「治療者との接点」「場の共有」「治療者とのパイプ」などといった表現で、治療場面で本人との接触を持続すること自体に意味があるのだ、という指摘があり、大いに啓発されました。

また社会復帰の経路については、寄せられたコメントからも、どのような経路を利用していくかはケースバイケースといったコメントが多く寄せられました。こうした経路に乗せる事自体の困難さも、しばしば指摘されていました。

以上が私たちのアンケート調査の集計結果となります。全体を通じて、意外なほど私たちの見解に近い回答が寄せられたことには、大いに勇気づけられました。

ひきこもりの国際比較

ひきこもり問題はわが国に独特のものなのでしょうか。これは難しい質問です。そうだとも、そうではないとも答えることができるからです。わが国のひきこもり事例と同じものが、海外に存在しないかといえば、まったくそんなことはありません。しかし、ひきこもりをとりまく周囲の対応や社会状況には、わが国独特のものがあります。このことがおそらく、わが国のひきこもり事例が独特の経過を辿る一因となっているでしょう。

私は以前から、海外の精神科医たちが、こうした「ひきこもり」問題をどのように考えているかに興味がありました。幸い、インターネットの普及で、さまざまな国の精神科医とも手軽にメールを交換できる環境が整いつつあります。さっそく私は、いくつかの国の大学精神科、あるいは精神病院や学会などのホームページにアクセスし、メールを出してみました。うれしいことに、意外なほどたくさんの返事が返ってきました。内容もなかなか興味深いものであったため、その一部をここに紹介してみましょう。

アメリカの心理学者、ポール・マロイ氏は、ひきこもりが恐怖症の一つであるとして、抗不安薬と行動療法の組み合わせによって治療することが可能である、としています。文化的差異については、個人主義社会のアメリカと集団主義社会の日本、という対比をしています。また、同じく臨床心理を専門とするモリー・ブランク博士は、それが不安障害の一種であり、しばしば不登校ではじまって成人後も慢性的な社会的ひきこもりとして持続すると述べています。博士はさらに、それが思春期以降にはじまった場合は、小児期からの事例に比べてその後の経過が悪く、抗不安薬などで治療が可能であるが完全な社会復帰は望めない、としています。博士はその病理が、「失敗への恐怖」に関係していると述べています。複雑で困難な競争の場と化しつつある世界を前にして、そこから完全に撤退しようとする個人が増加するのは自然であるというのです。

ひきこもりに関する著作もあるイギリスのアイザック・マークス博士は、この種の問題はイギリスでもまったく珍しくないとした上で、汎社会恐怖の一つと捉えています。また博士は、アメリカでは彼らは回避性人格障害と診断されるであろうと述べています。

台湾出身でアメリカ留学中の精神科医、ローレンス・ラン氏は、これらが恐怖症と関連していることをふまえた上で、台湾ではそれほど経験しなかったこと、また、それが社会的・文化的状況と密接に関連しているという可能性を述べています。また、やはり台湾の精神科医、カオ・チェン・リン氏も、このような事例は台湾ではまれであると述べています。さらにリン氏は、分離不安による不登校はあるが、長期化したひきこもりは、社会恐怖、回避性人格障害、分裂病質人格障害のいずれかを疑う、としています。

タイの精神科医、プラモト・スカニッチ氏は、このような問題はバンコックでは経験がないと述べた上で、もっともな疑問を投げかけています。「彼らは、生活費をどうしているのか？」

フランスの精神科医、デニス・ルグア氏は、このような事例はフランスには存在せず、日本文化や日本的生活様式に関係していると述べています。またやはり精神科医のルネ・カソー氏は、それは日本的文脈における社会恐怖ではないか、と述べています。しかし、匿名のある心理学者は、次のような、注目すべき意見を持っています。

――フランスでも状況は同じです。社会的ひきこもりは中学の一年くらいからみられるようになります。彼らの多くはホームレスになるため、果たしてどのくらいの事例が存在するのかは判りません。父親の権威をなくした崩壊家庭が一般的です。精神病のようにすらみえます。彼らはどこから来たのでしょう？　彼らは他人をあてにするばかりで、みずから動こうとはしません。フランスでは、彼らに関する論文をみたことがありません。私たちはやっと、問題の端緒についたばかりなのです。――

これらの見解をまとめると、一般に私が「社会的ひきこもり」としている事例は、「社会恐怖」ないし「回避性人格障害」のいずれかに分類されているようです。そのような前提に立てば、たしかに治療の可能性はもっとみえてくるでしょう。私は今回の国際比較を通じて、「社会的ひきこもり」という問題が、いかに個人病理だけでは説明できない多様性をはらんでいるかに思いいたりました。そう、たしかに事例個人だけを取り上げるなら、それが「社会恐怖」や「回避性人格障害」であってはいけない理由はありません。それにもかかわらず、この問題の特異な点は、こうした診断の問題だけでは語りきれないところにあるように思われるのです。その意味からも、さきに引用したフランスの心理学者の指摘は重要です。もし彼らが、こうした重度の精神障害を抱えたまま成人したとしたら、確かにホームレスになるよりほかはありません。本人が二十代、三十代にいたっても、親が働けるうちは養い続けるということ。またそのような家族関係がいつまでも葛藤の原因となるという状況にこそ、日本的な特異性があるのかもしれません。

5 「ひきこもりシステム」という考え方

「ひきこもり」は「無気力」ではない

ここで「社会的ひきこもり」がなぜ起こるのか、そのメカニズムについて考えてみたいと思います。人がなぜ「ひきこもる」のか、その理由はけっして単純なものではないでしょう。私自身も、その問いに対して、十分に答えられるとは思いません。しかし、その理由をさまざまに推測し、検討していくことには意味があると考えています。

ここでもう一度強調しておきたいのは、いわゆる「ひきこもり」の状態は、必ずしも「無気力」を意味しない、ということです。そう、彼らは「無為」にみえるかもしれませんが、「無気力」ではない。この点だけは断定してよいだろうと思います。

「無気力のメカニズム」についても、私なりにいろいろと調べてみました。人間が病気によって無気力になる事例には、おおまかにいって二通りあります。一つは、病気が進行して慢性化した結果、無気力になってしまうもの。例えば統合失調症やうつ病などが長期に及んだ結果、まったく自発性がみられなくなるようなことが、しばしばみられるとされています。ただし私自身は、初診から診ている患者さんが次第に無気力になっていったという事例を、ほとんど経験したことがありません。こうした事例は精神病院に長期間入院している患者さんに多くみられることから、長期間社会から隔離された生活環境や、一部は薬物の副作用である可能性もあるともいわれ、私自身もその可能性が高いのではないかと考えています。つまり、この無気力は、なかば人工的な産物で、必ずしも病気の自然な経過ではない可能性もあるのです。このほか、痴呆や脳の損傷などでも、無気力におちいることが知られており、とくに頭部に外傷をうけた後遺症としての人格変化が、近年問題となっています。病的な無気力状態は、こうした人格変化の一部として生じてきます。

さて、もう一つの無気力状態には、「学習された無気力」があります。こちらはもちろん、精神病でもなければ脳に障害があるわけでもなく、心理的な原因から生じた無気力状態をさしています。実験心理学の立場からは、早くから無気力のメカニズムについての理論がたてられていました。例えば、こんな実験があります。ケージのなかの犬に対して、なんの予告もなしに電気ショックを繰り返しあたえます。犬は最初いやがって、吠えたりもがいたりなどの反応をみせますが、しだいに「無気力」となり、反応を示さなくなります。つまり、不快な刺激が繰り返されているにもかかわらず、自分でそれをコントロールできないことが学習された時、無気力化が起こるのです。こうした無気力化は、同様の実験で人間にも起こることが確認されています。

しかし、こうした無気力状態は、果たして社会的ひきこもりのメカニズムを説明しうるものでしょうか。実際、そのような視点から「ひきこもり」「無気力」が説明されている本もあります。しかし、私にはそれが、あまりにもモデルとして単純すぎるように思われます。むしろこのような無気力化は、さまざまな「無気力」のごく一部しか説明できないでしょう。私たちはたしかに、無益な努力は好みません。しかし私たちは、常に目的を持って行動しているといえるのでしょうか。例えば、ちょっと努力すればよい結果がでると判っていながら、ついサボってしまうといった行動は「学習された無気力」では説明できません。私たちは「判っているのに、それをやってしまう（あるいはやらない）」ほどに、非合理的なものを抱えた存在なのです。「ひきこもり」事例についても、それは同じことです。彼らは「やっても無駄だから動かない」のではない。むしろ彼らは「動いた方がよいに決まっている」からこそ、身動きがとれないのです。このような状態を単に「無気力」と表現することに、私は賛成できません。

単なる個人の病理としては捉えきれない

さきにも述べたスチューデント・アパシーについては、笠原嘉氏の考察をはじめとして、さまざまな検討がなされています。ひきこもり状態の一部をしめる状態像でもあるため、ここでふれておきましょう。ちなみに、スチューデント・アパシーは「学生無気力症」と訳されています。状態像が単純な無気力ではないことも以前に述べたとおりですが、本業に対しては意欲をみせないというほどの意味に捉えておきます。稲村博氏も、ひきこもりという語を用いず、しばしば「アパシー」という言葉を用いていたことを付記しておきます。

スチューデント・アパシーをはじめて報告したウォルターズは、アパシーの原因として、「男性性同一性」の形成障害、つまり「男らしくあること」に失敗し、あらかじめ負けることを嫌って競争からおりてしまうという、防衛的な心理によるものと考えました。また笠原嘉氏は、これに加えて、境界性人格障害にも通ずるような側面として、アンヘドニア（空虚な感じ）やスプリッティング（人やものに対する極端な見方や態度）などがあることを指摘しました。

また「ひきこもり」を「社会恐怖」や「回避性人格障害」の一種と考える立場からは、もっと明快に説明が可能になります。すなわち、前者は恐怖症の一つとしての理解、後者はその患者の一生を通じての行動傾向という理解になります。これらの考え方は、たしかに一部のひきこもり事例には当てはまります。この点からは、ひきこもりの精神病理は何らかの外傷体験や発達上の問題として説明することも可能になるでしょう。

ひきこもり状態の理解のためには、こうした精神分析的な理解も部分的には可能です。ただしそれは、精神分析によってひきこもり状態の治療をなしうるという意味ではありません。治療意欲の不安定な社会的ひきこもり事例に対して、精神分析を行うことは困難であるからです。また社会的ひきこもりの問題は個人の病理を分析する立場からは、その全体像を理解することが難しい。そこには家族や社会の病理が深く巻き込まれており、基本的に個人を対象とする精神分析が、このような病理を扱いきれないのは当然のことです。

ひきこもり問題の特異性を個人の病理として捉えようとする限り、その理解と対策は、ごく表面的なものに終わってしまうでしょう。いや、それ以前に、それを個人の問題と考えるなら、私たち自身もまた「本人が来なければ治療にならない」という、正当な姿勢の中にひきこもらざるを得なくなります。「ひきこもり問題」は、たとえそのはじまりが個人病理にあったとしても、経過とともに必ず家族を巻き込んでいきます。これによって事態はいっそうこじれ、病理性が深まります。それだけではありません。そこにはさらに、わが国の社会的な病理性が反映されることになります。

国際比較のところでもふれたように、ひきこもりの事例は、けっしてわが国だけにみられるものではありません。しかしわが国のひきこもり事例は、きわめて独特の経過をたどります。この経過の特殊性において、わが国の文化的、社会的な状況が反映されているのです。したがって「社会的ひきこもり」の問題は、患者個人の病理という問題を超えて、社会精神医学や公衆衛生学といった領域においても重視されなければなりません。そこでは個人の精神療法のみならず、さまざまなケースワークや家族を介しての治療的介入などが大きな意味を持つことになります。私が本書で対策として述べることも、「いかに本人を治療するか」よりは、「いかに有効に治療的介入を行うか」という点に比重がかかっています。

対人関係における悪循環

前にもちょっと述べたように、ひきこもり事例では、ひきこもり行動それ自体が外傷体験として作用します。つまり、ひきこもりの期間が長いほど、その程度が重いほど、いっそうひきこもりが強化されるという悪循環が起こりうるのです。一般に体の病気であれば、発病とともに免疫反応などのさまざまな自然治癒力が反作用として起こり、うまくすれば病気は快方に向かいます。しかしひきこもりの場合は、ひきこもっていること自体が、いっそうその状態を強化し、安定化してしまうように作用するのです。これはなぜでしょうか。

一つには、「社会的ひきこもり」の原因が複数であることが挙げられます。神戸大学名誉教授、中井久夫氏の指摘ですが、単純な心因のみで起こった精神疾患は、一般に単純な経過で改善していくことが多い。逆に経過が長くこじれがちな疾患では、原因も一つだけということはあまりなく、さまざまな要因が複合的にからみあって、治療努力を妨げていることが多いということです。例えば「いじめ」被害の外傷体験が長引きやすいのは、「いじめ」がしばしば長期間に及び、そのため非常に複雑な外傷体験として発展するためと考えられます。社会的ひきこもりにいたる原因の連鎖もまた、けっして単純なものではないでしょう。そこには後に述べるように、原因―結果という図式すら無効になるような、錯綜した状況がみてとれるようにも思います。しかし、単に錯綜しているがゆえに悪循環が起こるというだけでは、事態はあまりはっきりしません。もう少し判りやすく、図式的に整理してみましょう。

社会的ひきこもりの問題は、つきつめれば、対人関係の問題とみることができます。これらの複数の原因を、対人関係との関連から、三つの領域に分けて考えてみます。三つの領域とはすなわち、⑴個人、⑵家族、⑶社会です。

私は、ひきこもり状態にある人は、これらのすべての領域で、何らかの悪循環が生じているために長期化してしまうのではないかと考えています。こうした悪循環は、多かれ少なかれ、ほとんどの精神障害で起こりうるものです。ひきこもり状態できわだっているのは、これら三つの領域が、互いにひどく閉鎖的なものとなりがちである点です。

ほかの精神障害では、個人レベルで悪循環が生じていても、家族の協力でそれを解消できる場合があります。また、家族関係が悪く、こうした悪循環が解決しにくい場合でも、個人がじかに社会に接したり、家族以外の対人関係の中で問題を解決したりできる場合がありま す。一時的に入院することで、家族からはなれ、患者個人が十分な治療を受けて回復する事例も少なくありません。ところが、ひきこもりの事例では、せっかく入院治療にいたっても、退院後の家族の対応が適切ではないと、すぐに元に戻ってしまうことが多いのです。

ひきこもり事例の場合、この、「個人と家族」「個人と社会」などの回路が、完全に塞がれてしまっていることが多いのです。したがって、さしあたっては家族の協力が頼みの綱なのです。実際、家族の理解ある対応によって立ち直る事例も数多くあります。しかしほとんどの場合は、家族との間にも悪循環がありますから、事態はいっそうこじれてしまいます。困ったことに、こうした悪循環は、まるで一つの独立したシステムのように、こじれればこじれるほど安定していきます。そしてひとたび、安定したシステムとして作動をはじめると、少しばかりの治療努力では、こうした循環を止めることが難しくなるのです。

私はこの悪循環を「ひきこもりシステム」と仮に名付け、このシステムをいかに解消するか、それを治療上の基本指針としています。もちろんこの考えは仮説の一つに過ぎませんし、ひきこもりの原因をここまで単純化するのは、行き過ぎかもしれません。しかし、私自身はこうしたシステム的な発想が、まさに単純で素朴であるがゆえにこそ意義を持つと考えています。少なくともこのモデルによって、ひきこもりのさまざまな状況が説明しやすくなったり、治療計画を立てやすくなったりするという効用は期待できそうです。

個人・家族・社会の三つのシステム

さて、私が考える「健常なシステム」と「ひきこもりシステム」を図１に示します。ここで接点「健常なシステム」においては、三つのシステムは接点を持って働いています。ここで接点というのは、ほぼ「コミュニケーション」と同じ意味です。個人は家族と日常の中でコミュニケートし、互いに影響を与え合いながら生活を続けていきます。また個人は学校や会社などの場において社会とコミュニケートし、影響を受けます。さらに家族もまた、それぞれの生活や地域のさまざまな活動などにおいて社会とのコミュニケーションの回路を持ち、相互に影響し合います。もちろんこれは理想化したモデルですから、現実にはそれほどコミュニケーションがうまくいかない場合もあるでしょう。しかしほとんどの場合、ここに示したような「接点」、つまりコミュニケーションの窓口がすっかり失われることはありません。

しかし「ひきこもりシステム」においては、このような接点が互いに乖離してしまい、機能しなくなってしまうのです。

――そんなはずはない、現に本人は家族とよく喋るし、家族は仕事や学校などで社会との接点は十分に持っている、欠けているのはあくまでも、本人と社会の接点だけではないのか。そのような意見もあるでしょう。しかし、そこで「接点」といわれる場において、本当にコミュニケーションができているかどうか。とりわけ、本人と家族のコミュニケーションは、それが十分に成立すること自体、本当に難しいのです。

そもそもコミュニケーションが成立しているといいうるためには、それが一方的なもので

図1　ひきこもりシステム模式図

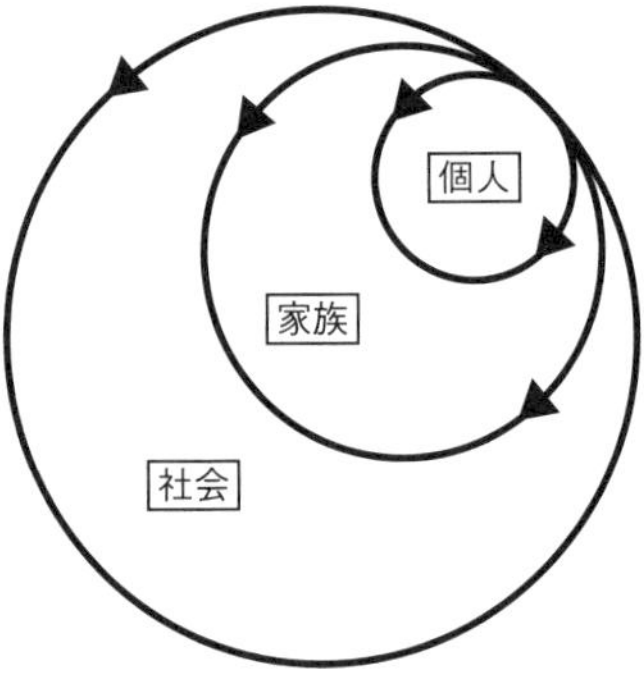

「健常なシステム」

円はシステムの境界であり、境界の接点においては、システムは交わっている。
つまり、3つのシステムは相互に接し合って連動しており、なおかつ、みずからの境界も保たれている。

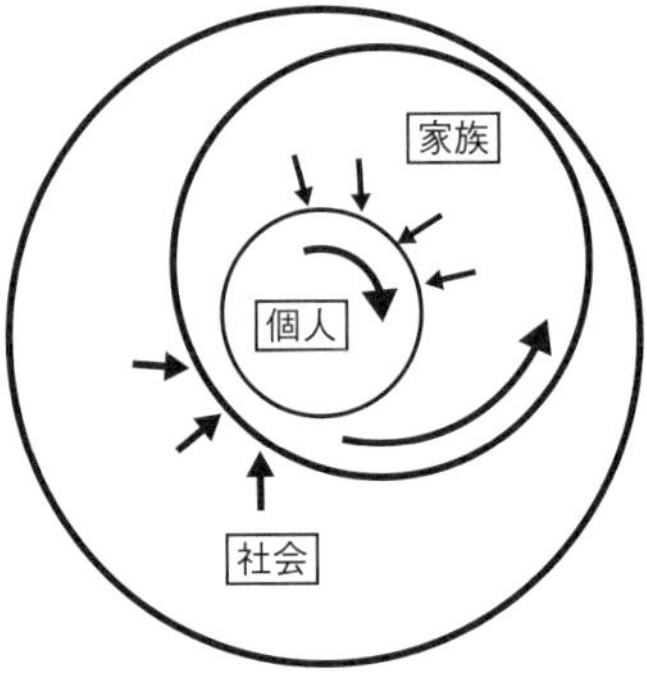

「ひきこもりシステム」

システムは相互に交わらず連動することもない。
システム間相互に力は働くが、力を加えられたシステムの内部で、力はストレスに変換されてしまいストレスは悪循環を助長する。

あってはいけません。そこには「相互性」が不可欠です。本人が家族からの言葉には耳を貸さず、自分の悩みばかりを延々と訴え続けるような状態では、そこに十分なコミュニケーションがあるとは、とてもいえません。この点が意外に見落とされやすいのです。「単なる会話」と「コミュニケーション」は、ここでは別物と考えてください。

それでは、各領域ごとに、この「ひきこもりシステム」がどのように作動しているかを、みていくことにしましょう。

他人の介入を受け入れられない

まず個人の「ひきこもりシステム」について考えてみましょう。

これまでも述べてきたように、社会的ひきこもりの状態にある人は、強い葛藤を感じていることが多いのです。こうした葛藤は、さまざまな精神症状につながりやすいことも、これまでみてきたとおりです。まず、こうした症状から悪循環が生じます。対人恐怖や強迫症状、被害念慮などは、いっそう社会参加への壁を厚くします。しかも、こうした症状のほとんどは、社会参加ないし治療によってでなければ改善しません。次第に悪化する症状を抱えながら、いっそう深くひきこもらざるをえないところに、ひきこもり事例の最初の不幸があります。

また、自分がひきこもり状態にあるという事実は、さきにも述べたように、それだけで心の傷になります。身体的にも、昼夜逆転などで不眠がちとなり、このことがいっそう、逆転に拍車をかけます。この点でひきこもり状態は、嗜癖《しへき》と似ています。嗜癖においてもまた、さまざまな悪循環が一つのシステマティックな作動として、病理を悪化させてしまうからです。例えばアルコール依存症の患者は、飲酒についての罪悪感がきわめて強い。そして、罪悪感が強いにもかかわらず、より正確には強いがゆえに、飲酒行動の泥沼化が起こってしまいます。『星の王子さま』に出てくる、酒飲みの星の話を思い出してみましょう。なぜ酒を飲むのかと王子に問われて、酒飲みは「恥ずかしいから飲むのだ」と答えます。何がそんなに恥ずかしいのかという質問への答えはこうでした。「酒を飲むのが、恥ずかしいんだよ」このように病的な行動が新たな葛藤につながり、それがさらに当の行動をいっそう強化してしまうという過程こそが、嗜癖行動の特徴です。そしてまた、ひきこもり状態にも、そのような悪循環の構図がみてとれるのです。つまり、ひきこもりという「負の行動」がいっそう自己嫌悪を深め、それがさらに深いひきこもり状態につながっていくような循環です。

こうした悪循環をとどめるのが、通常であれば家族や他人との関わりなのです。現代ではアルコール依存症などの嗜癖患者が、自分の力だけで立ち直ろうとする努力は、ほとんど無意味とされています。それは「自分の靴紐を引っ張って自分の体を持ち上げようとする」努力にたとえられます（G・ベイトソン）。嗜癖患者の治療には、家族の指導と自助グループへの参加という組み合わせが、もっとも一般的なコースになりつつあります。つまり、家族や他人との関わりです。悪循環の源が自分自身にあるのなら、他人の介入を受け入れつつ「治療」を進めることが、どうしても必要であること。この「常識」は、社会的ひきこもり事例の治療にも当てはめることができるでしょう。彼らがひきこもり状態を抜け出せないのは、まず第一に、こうした「他人からの介入」を何よりも嫌うためでもあります。逆にいえば、他人との関わりを受け入れる決意を十分にかためた事例は、ほぼ例外なく社会復帰が可能になるのです。この臨床的事実からも、この問題が個人病理の視点からだけでは到底対応しきれないことが判ります。

つまり、発端となった個人病理にはさまざまなものがあっても、それが心因性の問題である限り、ひとたび長期の社会的ひきこもり状態を経ることによって、きわめて似通った状態や経過を辿るにいたるということです。このような状況下で、いつまでも最初の症状や診断名にこだわり続けるのは上策とはいえません。むしろシステムとしての「社会的ひきこも

図2　社会的ひきこもりの悪循環模式図

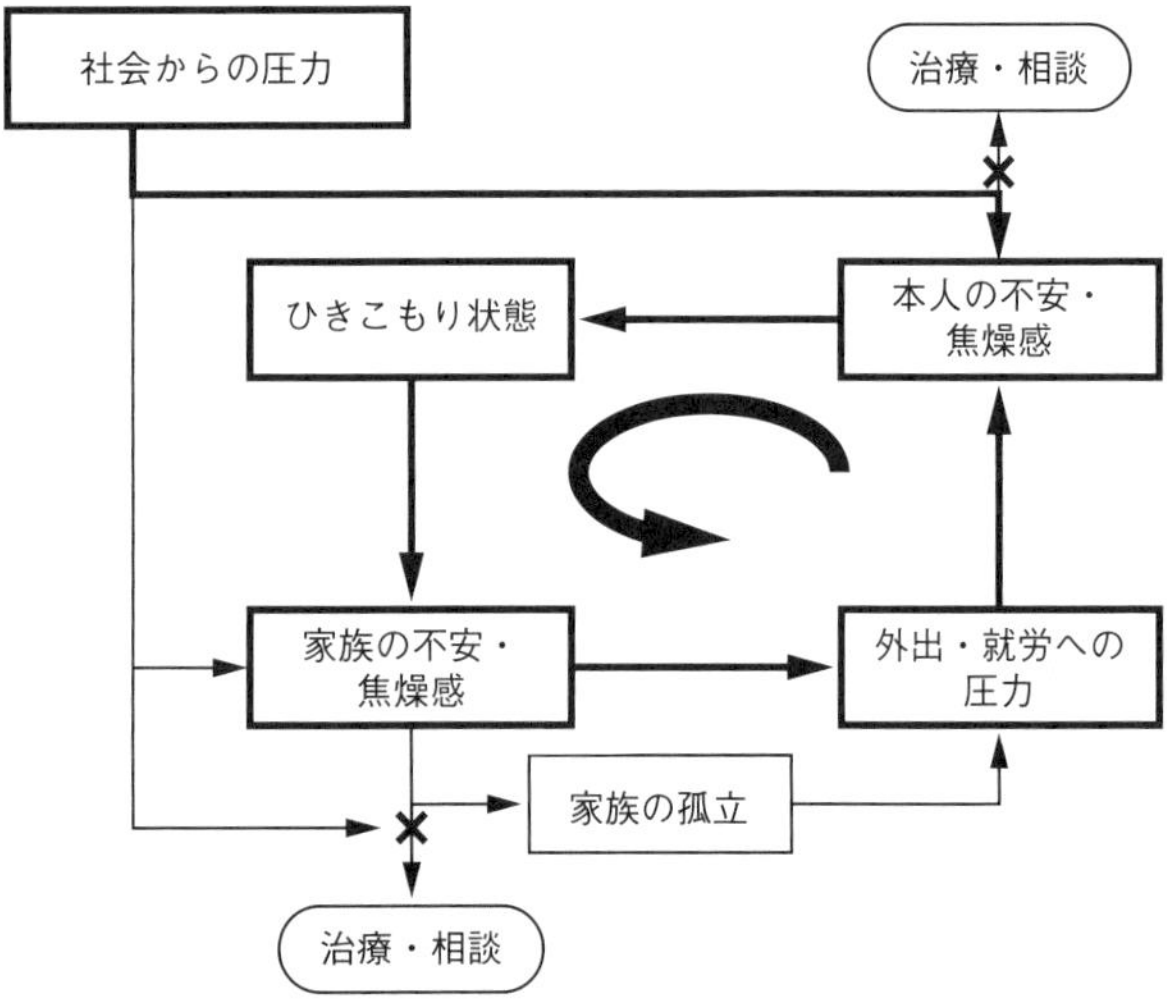

り」という現象に注目し、そこに焦点を当てた治療なり支援なりが必要とされるのです。

コミュニケーションの欠如

次に「家族システム」についてみてみましょう（図2）。ひきこもり事例を抱えた家族もまた、一種の悪循環の中に取り込まれています。まず本人がひきこもりはじめ、それが長期化すると、家族の中に不安や焦燥感が高まります。不安を抱えた家族は、本人に対してさまざまな刺激を加えて、なんとか動かそうとします。それはしばしば、正論による説教だったり、単なる叱咤激励だったりします。しかし、こうした刺激は、本人にとってはプレッシャーやストレスを与えるだけで、活動をはじめるきっかけにはなりません。むしろ刺激が加えられれば加えられるほど、いっそうひきこもりが深まってしまいます。そして家族はさらなる不安と焦りに駆られ、なかば不毛と知りつつも刺激を繰り返すことになるのです。

すでにお判りのように、この悪循環を成立させているのも「コミュニケーションの欠如」なのです。家族からの一方的な刺激は、それが一方的であるがゆえに、コミュニケーションとしては成立していません。家族の言葉はまったく本人には届かず、ただ家族の不安や不満、焦燥感だけが本人を窮地へと追いつめていくのです。

ひきこもりという行動にも、なんらかのメッセージがこめられていることは明らかです。早い段階で、そのメッセージをしっかり受け取ることができれば、それだけで改善に向かうこともあり得ます。また長期化した場合でも、本人の気持ちを共感とともに理解することができれば、こうした悪循環は防ぎ得たでしょう。メッセージを受け取ること、共感とともに理解すること、これらのことは、家族間に深いコミュニケーションがあって、はじめて可能になるのです。そして、こうした深いコミュニケーションだけが、家族間の悪循環をとどめる力を持っているのです。

家族システムと社会システムの乖離

それでは「社会システム」についてはどうでしょうか。「ひきこもりシステム」においては、三つのシステムがことごとく乖離していると述べました。しかし、少なくとも家族は、仕事などを通じて社会との接点があるではないか。そのような異議も考えられます。

ここで少し注釈を加えておきますが、私が三つのシステム問の乖離を強調するのは、「ひきこもり」の問題に関して接点が失われている、という意味なのです。そう、表向きはきちんと社会生活を営んでいる家族でも、ことわが子のひきこもり状態については、態度を閉ざしてしまいがちです。つまり世間体を気にして隠そうとしたり、誰にも相談せずに内々に解決してしまおうという姿勢がみられるのです。このような「抱え込み」の姿勢が、思春期問題の解決を著しく遅らせてしまうことは、珍しくありません。そして、私が家族と社会システムの乖離として強調しておきたいのは、まさにこの「抱え込み」の問題にほかならないのです。

こうした抱え込みにおいて、「家族システム」と「社会システム」は乖離してしまいます。

乖離するのみならず、しばしばそこには、家族内で起こっていた悪循環と同様のものが生じてきます。つまり、「世間」からのプレッシャーに対して、家族がいっそう孤立し、まさに「世間体」ゆえに、治療や相談に接する機会も失われてしまうということです。これがいっそう、こうした「抱え込み」を強化するのです。その意味では、家族もまた、社会からひきこもった状態にあるといってても過言ではありません。そして私は、まさにこうした「両親による事例の抱え込み」という状態に、もっとも日本的な特性があらわれているように思われます。家族ぐるみで徹底的に社会を忌避するような、「アメリカ型」のひきこもりではなく、社会との関わりを欲しつつも、あるいはまさに欲するがゆえに、抱え込まざるをえないということ。こうした構図が、長引く葛藤をもたらす構造としての「ひきこもりシステム」を強化していくのです。

それでは、こうした「ひきこもりシステム」を、いかにして健全な機能へと近づけていくことができるでしょうか？　それについては続く「実践編」で、詳しくみていくことにしましょう。

第2部

「社会的ひきこもり」とどう向き合うか――実践編

1　正論・お説教・議論の克服

「そこにある」ことを認める

ひきこもりの状態にある人と、きちんと向き合うことは、きわめて困難なことです。なぜなら、私たちには基本的に「働かざるもの食うべからず」という価値観が、骨がらみに染みついているからです。このため私たちがとってしまいがちな態度は、社会的ひきこもりを「否認」する態度です。つまり、まさにそこにあるにもかかわらず、何もないふりをすることです。その結果のひとつが、彼らに対する「叱咤激励」ということになります。

もう十年以上も彼らとつき合ってきた私ですら、しばしば「お説教」や「議論」の誘惑に負けてしまいそうになります。それどころか、時には「彼らは甘えている」「怠けている」「権利を主張しつつ責任を回避している」「両親に責任転嫁している」などといった、どこかで聞いたような紋切り型が、ふと頭をよぎることすらあります。

ひきこもり事例と向き合うためには、まずこうした社会通念、言い換えれば「『ひきこもり』を否認したい衝動」と戦わなければなりません。

そのために重要なことは、「社会的ひきこもり」という状態が、ともかくそこにある、という事実を認めることです。言い換えるなら、彼らが「人として間違ったあり方をしている」という見方をしてはならないのです。そうではなくて、彼らが何らかの形で援助や保護を必要としている、という視点を受け入れることです。お説教や議論、時には暴力などによってそれを「否認」するやりかたは、失敗する可能性がきわめて高いことを、ここであらためて強調しておきましょう。

努力と激励の限界

ひきこもり状態が数年以上続いて慢性化したものは、家族による十分な保護と、専門家による治療なしでは立ち直ることができません（※この点については、現在はやや異なった考え方をしています。くわしくは「改訂版まえがき」をご参照ください）。この点については、私はあえて断言しておきます。まず第一に、そのような援助なしに改善した事例の話を、これまで聞いたことがないということ。第二に、私の診療した事例でも、濃密な治療的関与なしに立ち直っていった事例は皆無であること。それだけではありません。私は何よりも、家族がひきこもり事例を抱え込もうとする態度を警戒しています。抱え込ませないために、あえて挑発的に「慢性化したひきこもりは、本人ひとりの努力や家族の叱咤激励だけではけっして治らない」ということを、これほど強調しているのです。長期化したひきこもり状態にとっては、このような個人システムあるいは家族システムの内部だけの努力では、どうしても限界があるからです。

なるほど、「ひきこもり」のごく初期段階では、努力や激励によって立ち直っていく可能性もまったくないとはいえません。ただし、いずれの時期にも親の権威によって一方的に押さえ込むこと、過度に感情的な態度をとること、本人の意見を封じてしまうこと、なかば暴力的に従わせること、これらが問題外なのはもちろんです。こうしたやり方は単なる外傷体験にしかならないでしょう。このような方法でいっとき「立ち直った」かにみえたとしても、それは問題を先送りしただけのことで、「再発」は時間の問題です。

一方的な受容の弊害

努力と激励が無効であると宣言されると、それでは何でも受容していけばいいのか、ということになります。しかし、こちらも極論です。受容を基本姿勢にしなければ治療にならないのは当然ですが、しばしば忘れられているのは、「受容するためには枠組みが必要である」という常識です。相手のすべてを受容しようとする人は、相手を所有したがっているのではければ、みずからの万能に酔っているだけです。治療の場面でも、どのように受容の限界を設定するかは、たいへん重要なテーマです。

「一方的な受容」は、一方的なお説教と同じくらい、有害であると私は考えます。いずれの場合も、そこに十分なコミュニケーションが成立していないからです。相手が不可解な行動を取り、そのために周囲が困惑する。そのような状況が起こったとき、私たちはまず、その相手との対話を通じて、理解と共感を試みるでしょう。これは「治療的」というよりはむしろ「常識」です。あらゆる「ひきこもり」の事例が、最初から理解と保護の手だけを待ち望んでいるわけではないのです。親からの必死の説得によって、社会参加に向かう事例も皆無とはいえません。そのようなやり方が、つねに有害であり、信頼関係をそこなうとは限らないのです。なんといっても、一番社会復帰を切望しているのが、当の本人たちなのですから。

わが子が社会を避けてひきこもりはじめたら、まずその理由を尋ねてみましょう。そして、少なくとも一度は、じっくりと説得を試みてほしい。そのような試みによって、果たして本人がどんなことを悩んでいたのか、初めて明らかにされることもあります。対等にちかい立場でお互いの意見を述べあうことは、たとえ反発を買うにしても、よいコミュニケーションのきっかけになりうるでしょう。

外傷の体験と回復

私はよく、「ひきこもり」の治療を成熟の問題と結びつけます。しかし「成熟とは何か」とあらためて問われると、これはまたきわめて難しい問題です。精神医学、とりわけ精神分析の分野では、まさに「成熟」は一大テーマです。しかし本書では、ごく実用的な視点から、成熟のありようをごく簡単に述べておきたいと思います。私なりの「成熟のイメージ」は、次のようなものになります。「社会的な存在としての自分の位置づけについての安定したイメージを獲得し、他者との出会いによって過度に傷つけられない人」。もちろんこれは暫定的なものですが、おおむね私は、患者さんが最終的にこうあってほしいという理想像を持ちつつ治療に当たっています。

それでは「成熟」は、いかにして可能になるか。私はそれが「外傷への免疫の獲得」という過程ではないかと考えています。「心が傷つき、そこから回復する」ことは、「感染症にかかり、回復する」ことと似ています。つまり、あとに「免疫」に似た変化が残るという点です。できれば感染症にはかかりたくないのは誰にとっても当然ですが、しかしある程度雑菌にさらされたり、時には軽い感染症などを経験しなければ、細菌に対する免疫機能は発達しません。ここで重要なことは、何らかのかたちで感染を経験すること、そしてその感染から確実に回復させること、の二点になります。免疫と外傷が似ているのは、それが他者との出会いによって生ずるという点です。もちろん、他者との出会いがすべて外傷になるわけではない。しかし本当の意味で重要な他者との出会いは、どこか必然的に外傷性を帯びてしまうのではないでしょうか。それは暴力的な他者かもしれない。「死」や「喪失」といった、抽象的な他者かもしれない。あるいは人を魅了してから見捨てるような他者かもしれません。そのように予測を超え、コントロールできない存在としての他者をどう受け入れ、乗り越えていくか。

　人は「成熟」に際して、いやおうなしに外傷を体験します。ただし、それだけでは足りません。もう一つの重要なことは、外傷を体験した人は、外傷から回復する機会を十分に与えられる権利があるということです。「成熟」の過程で欠かせないのは、この「外傷の体験と回復」というセットなのです。そしてこのセットを可能にするのが、まさに「他者との出会い」にほかなりません。ただ傷つけられる一方では、他者の外傷的な恐ろしいイメージしか残りません。しかし、他者の支持によって癒されることを経験すると、「ただ恐ろしいだけのものではない」という、より正確な他者イメージが獲得されるでしょう。その意味で「外傷への免疫の獲得」とは、「有効な他者のイメージ」を学習する過程でもあります。

ひきこもりにおける他者との出会いの欠如

一般に、ひきこもっている青年たちは、傷つけられることを非常に恐れます。心ない一言で、みずからの存在自体が否定されてしまいかねないことをよく知っているからです。もちろん、彼らのこうした恐れは、十分に尊重されるべきです。しかし、ひきこもり続けている限り精神的な成長が起こらないこともまた、一つの現実なのです。その理由はもうお判りでしょう。ひきこもった生活には、もはや他者との出会いもなく、したがってリアルな外傷も、そこからの回復も、一切ありえないからです。言い換えるなら、彼らにとっての他者のイメージは、たんに外傷をもたらすだけの、迫害的なイメージにとどまっているのです。

それでは家族は他者ではないのか。もっともな疑問ですが、あえていえばその通りです。

ひきこもり事例においては、もはや家族は、他者ではありません。彼らにとって家族は、あたかも自分の身体の一部のようなものとみなされます。家庭内暴力が可能となるのは、家族をあたかも自分の一部のように取り扱うからです。私がコミュニケーションの回復をしきりに強調するのは、まさに家族の他者性の回復のためです。独り言がコミュニケーションではないように、あたかも自分の一部のような家族とのやりとりは、コミュニケーションからはほど遠い。たとえ肉親であろうと、自律的な判断と行動の権利を持つ個人であるという認識があって、はじめてコミュニケーションの可能性が開かれるのです。

さきほど述べたように、他者との出会いのない「ひきこもり」状態においては、リアルな外傷はありにくい。しかし彼らは現実に傷ついており、また「自分がひどく傷つけられてきた」というイメージに打ちのめされています。とりわけ隠れた外傷体験としての「いじめ」については、休養と同時に周囲からの全面的な理解と、心理的支えが不可欠です。「いじめ」が深刻な外傷体験として、数十年を経た後も癒えにくいのは、そこから回復するためのルートが徹底して塞がれているためでもあります。初期の「ひきこもり」における休養としての意義は、ここにあります。彼らがひきこもる理由を理解すると同時に、外傷からの回復のために十分な休養の機会を与えること。これによって、一部の事例は自らの力で立ち直っていくことが可能になります。

しかし、長期のひきこもり事例では事情が異なってきます。長期化すればするほど、それはあたかも自分で自分を傷つける行為に近づいていくのです。ひきこもりを放置すべきではない理由はここにあります。自傷行為の悪循環（＝「ひきこもりシステム」）から抜け出すためには、他者による介入が不可欠だからです。したがって長期ひきこもり事例の治療において重要なのは、「『他者による介入』をいかに有効に行うか」ということになります。

なぜ治療が必要か

それでは、すべての「社会的ひきこもり」は、本人の意向にかかわらず、治療されるべきものなのでしょうか。かつて私は社会学者パーソンズの「病人役割」などの概念を援用しつつ、「治療されるべき」と考えていました。しかし、ひきこもりは病気ではないと言いながら治療の必要性を説くのはあきらかに矛盾です。ならば「治療は必要ない」のでしょうか？

これはこれで極論で、私のこれまでの実践と矛盾をきたしてしまいます。現在の私の見解は、ひきこもり支援において、治療もまた有効な支援手段のひとつである、というものです。治療の有効性をふまえつつ、それ以外の支援可能性をも視野に入れるべく、この考えに落ち着きました。ではその場合、家族はどうすべきか。本人が治療を拒否する場合でも、両親には治療的環境を整えつつ、本人を治療へと誘導する権利はあります。その根拠として、治療相談の開始は早いほどよいという、実際的な理由がまず挙げられるでしょう。本人を病院に連れて行こうかどうしようかと迷い続けるうちにも、みるみる時間は空費されます。時とともにひきこもり状態がこじれてしまい、結局は強引に病院で受診させるはめになったという事例も少なくありません。こうした迷いやためらいは、明らかに無意味であり、しばしば有害でさえあります。本人はともかくとして、両親だけでも迷わずに治療へと踏み出し、本人への働きかけを開始すること。この一歩を迷う必要はまったくありません。

こうした立場から「実践編」では、社会的ひきこもり事例への対処法を、できるだけ具体的に書いてみたいと思います。

思春期問題については、治療もさることながら、家族の対応が半分以上を占めるといっても過言ではありません。つまり適切な対応法さえ心得ていれば、それだけでも本人の苦しみを相当程度、やわらげることが可能になるのです。

私が現在行っているような、家族への電話相談や手紙相談を開始したのも、まさにこの点に思いいたったことがきっかけでした。多くの家族が、まず何をどう対処してよいか判らずに苦しんでいる。対処法がはっきり示されれば、まず家族が安定する。家族が協力し合って、専門家と連携しつつねばり強く問題に取り組むことで、この種の問題は半ば近くまで解決しうるのです。

ですからここでは、私が十年間の経験の中で蓄積したノウハウをすべて公開しようと思います。もしここに書かれていることが十分に実行されれば、それだけで事態が好転するように、そのような願いをこめて、第2部は書かれています。

なお、本書では治療成功例の呈示は、あえて詳しくは行いません。フィクションの「成功例」を呈示することは容易ですが、およそ説得性にも具体性にも欠けたものになるでしょう。実例を持ってくれば、共感や安心を誘いやすいことは承知の上ですが、私はむしろ、そのような情緒的理解が冷静な判断をくもらせることを恐れます。もちろん私の方法論は、多くの改善例に支えられていますが、私はそのような「実例主義」で読者を誘惑することは避けたいのです。性急な安心を求めるよりは、たとえ半信半疑であっても、まずこの問題を知的に認識し、理解することからはじめてもらいたいのです。

また「実践編」の内容については、巻末に「ひきこもり対応フローチャート」としてまとめてあります。そちらも随時参照されることで、全体的な見取りが容易になるでしょう。

2 家族の基本的な心構え

「特効薬」はない

社会的ひきこもり事例の治療に際して、まず確実にいえることは、相談が持ち込まれた時には、状況がかなりこじれてしまっているということです。いったんこじれてしまった場合は、もはや周囲がどのように働きかけても、好ましい変化は起こりにくくなっています。それどころか、働きかけること自体が、本人を追いつめる結果になってしまいがちです。

ですから、まず家族が理解しなければならないのは、このような状態から短期間で立ち直らせる特効薬はないということです。ともかく、じっくりと腰を据えてとりくむほかはない。しばしば、家族や治療者の励ましや適切なアドヴァイスによって、一気に立ち直ったかのような事例が紹介されます。しかし、私の経験では、このような「美談」は、ありえないとまではいいませんが、まったく例外的なものです。そうでなければ、そうした励ましの効果は一過性のことが多い気がします。一般的にひきこもり状態からの立ち直りには、短くても半年、平均して二〜三年以上の時間が必要となります。もちろん、これはあくまでも、適切な対応がなされていた場合の話です。

ひきこもりをはじめとする思春期の問題に対しては、「周囲がどれだけ待つことができるか」が、その後の経過を大きく左右します。したがって家族の基本的な構えとしては、「本人の人格的な成熟を、ゆっくり伴走しながら待ち続ける」ことが必要となります。「焦り」は何ももたらしません。むしろ、慢性的な焦りこそが「ひきこもりシステム」を強化してしまいます。

希望を捨てずに待つという姿勢は、それ自体が本人に好ましい影響をもたらします。「待つ」ということはまた、冷静に構えるということでもあります。本人の言動や、わずかな状態の変化に一喜一憂せず、長期的展望を持ってどっしりと構えること。家族がまず専門家に相談すべきなのは、こうした展望をしっかりと確保するためでもあります。つまり「ひきこもりは簡単には治らない」ということと、「ねばり強く十分に対応を続ければ、必ず改善する」ということの二点を、深く理解するためです。治療のなかでときどき起こることですが、本人がある日突然、理由もなく活動的になったり、意欲的になったりすることがあります。こんな場合に「やっと目を覚ましてくれた」などと、手放しで歓迎すべきではありません。思春期に起こる急激な変化は、しばしば精神疾患のはじまりを意味していることが多いからです。一見よい変化にみえたとしても、理由や方向がはっきりしないものであるなら、むしろ十分に注意しなければなりません。

もちろん、ただ待てばよいというものでもありません。変化を待ち受けつつも、水面下での絶え間ない努力が必要です。家族間の意見調整や、家族だけの治療相談なども欠かせません。そして同時に、本人が症状を通じて何を訴えようとしているかを、しっかりとみきわめることです。いたずらな干渉をひかえて、暖かく見守り続ける姿勢が大切なのです。「手をかけずに目をかけよ」と、むかし先輩に教わったことがありますが、まさにその通りでしょう。

治療における「愛」の難しさ

治療場面ではよく「本人への愛情を大切に」といった「指導」がなされます。しかし私は「愛」というものは非常に難しい言葉であると考えています。「愛」の素晴らしさを否定こそしませんが、それはしばしば「出来事」としての素晴らしさなのであって、治療の手段としてコントロールできるようなものではありません。「愛情を持って接してください」という言葉を、私もいわなかったわけではありませんが、つねに一抹の虚しさを感じていました。愛情を強要することは、しょせん無理に違いないからです。

しかし、それでは、治療者は愛についてふれるべきではないのでしょうか。それはそれで、うるおいのない治療になりそうな気もします。果たして、愛を強要せずに、しかも愛をそこなわないやり方が可能なものでしょうか。

八〇年代に人気のあったアメリカの小説家、カート・ヴォネガットの本に、「愛は負けても親切は勝つ」というくだりをみつけて、私はそれを何となく記憶していました。「勝つ」とは何に勝つのだろうな、とか、親切がいつでもよいものとは限らない、といった疑問もあります。しかしそれでも、ここには一面の真実がある。私はこの言葉を、ひきこもりの事例を抱える家族へ、一つの激励の言葉として送りたいと思います。

母と子の密室的な愛情関係

精神分析によれば、「愛」とはそもそも自己愛に由来するものです。人は、自分を愛する以上に、他人を愛することができない。いやできる、と主張する人は、自覚のないナルシシストである。精神分析は、そう教えます。家族に対する愛でも同じことです。むしろ自己愛との区別がいっそうつきにくいという点で、家族愛こそは要注意なのです。それはしばしば相手を所有し、コントロールしたいという欲望につながり、ときには激しい攻撃性の原因にもなります。後にふれる家庭内暴力もまた、「愛」ゆえの産物です。激しい暴力の後で、必死に謝り、思いやりをみせようとする子どもと、そんなわが子を抱きしめ続ける母親。そこにあるのは、距離とコントロールを失った「愛」の、無惨な姿ではないでしょうか。「愛」は、まさに「盲目」であるがゆえに、治療を困難なものとします。そこでは「愛」は「一方的な奉仕」と容易に取り違えられます。極端な例では、治療者の言葉にすら耳を貸さず、むしろ親子の愛を妨害する邪魔者として、治療者のほうが切り捨てられてしまうことすらあります。このような母と子の密室的な愛情関係は、事態をいっそうこじらせ、不安定なものにしてしまいます。このような結びつきは「共生関係」と呼ばれます。親はそれこそ、強い愛情によって、必死に本人の心を鎮めようとします。しかしそのように力めば力むほど、本人の要求や状態に振り回されてしまい、くたくたになってしまうのです。

もちろんひきこもっている本人もまた、自分を愛し、必要としてくれる存在を強く求めています。しかし同時に、自分はいつ見捨てられてもおかしくない人間という認識も捨てられずにいます。母親が尽くせば尽くすほど、自分が母親なしではやっていけない、弱い存在であることを思い知らされます。もし母親から見捨てられたら、自分はどうなってしまうかわからない。二十代、三十代の「少年少女」たちがそのように語るのを、私は何度となく聞いてきました。母親の捨て身の献身は、案に相違して、彼らのこうした恐怖を救うどころか、いっそう強めてしまうのです。

「共依存」の問題

精神医学には「共依存」という言葉があります。もとはアルコール依存症の事例に見出された家族関係を指していますが、現在はもう少し広い意味で使われています。アルコール依存症患者の家族、とりわけ奥さんは、夫の飲酒癖や飲酒時の暴力に、さんざん悩まされています。しかし、そういう関係が長年続いていくうちに、困らされているにもかかわらず、夫から離れることができなくなってしまいます。つまりこの奥さんは、自分の存在価値を「アル中の夫の面倒をみる妻」という役割に見出すようになってしまうのです。こうして夫は世話役である妻に依存し、同時に妻は、表向きは困りながらも、「ダメな夫の世話役」という自己イメージにおぼれていきます。こういう関係を「共依存」と呼ぶのです。ここには「持ちつ持たれつ」といった、安定した相互性はありません。相手を支配し、自分の満足のための道具として利用するという関係であり、それゆえ一方的で不安定なものとなります。

ここで「アル中」を「ひきこもり」におきかえてみましょう。「ひきこもり」事例の母子関係にも、しばしば「共依存」がみられます。したがって親子関係が膠着状態にあると感じられた場合、このような視点から関係を見直してみることも大切です。そこにはたして、「共依存」関係が存在するかどうかを検討してみること。そして、もし存在するなら、母親がそれなしでもやっていけるかどうか、自身に問うてみること。そのような視点に立つだけでも、いびつな関係性を改善する方向がみえてきます。

母親と「共依存」の関係にある事例は、ほぼ一〇〇％、他人の関わりを嫌い、拒否します。その拒否があまりにも激しいので、ついいいなりになってしまう母親も少なくありません。しかし、ここで妥協すべきではありません。親が治療相談に通う意味は、まさにこの点にあります。密室の親子関係に、さしあたり治療者が、社会の代表として楔《くさび》を打ち込むこと。もちろん最初、本人はひどく嫌がります。自分のことを無関係な他人に話されるのが嫌なのは当然です。時には親が病院に行こうとすると、暴れはじめる事例もあります。しかし、私が関わったケースに関しては、親が毅然として対応すれば、こうした抵抗はそれほど長続きしません。むしろ親が病院に通いはじめてかえって安心したかにみえる事例が多いくらいです。私はそれが、密室の扉が開かれ、親と自分との関係が、はっきり見えてきたことによるのではないかと考えています。

他人という鏡の重要さ

社会との一定の関係が成立してはじめて、親の愛情が意味を持つということ。これはどういうことでしょうか。「すべての愛は自己愛である」と、さきほど私は断言しました。これは事実であるかどうかという話よりは、愛というものを分析するには、さしあたりこのように定義するしかない、という約束事のようなものです。しかし、かりにそうであると仮定して、なぜすべての人が自己愛的に、自己中心的にふるまわないのでしょうか。私はそれこそが「社会」の機能であると考えます。つまり、自己愛というものは、それを維持するために必ず、「他人という鏡」を必要とします。他人を愛し、あるいは他人から愛されることによって自己愛を維持することが、もっとも望ましいのです。

しかし、ひきこもり状態にある青年には、このような鏡はありません。あるのは自分の顔しか映し出すことのない、からっぽの鏡だけなのです。このような鏡は、もはや客観的な像を結んでくれません。そこには唐突に「力と可能性に満ちあふれた自分」という万能のイメージが浮かび上がるかと思えば、それは突然かき消えて、今度は「何の価値もない、生きていてもしょうがない人間」という惨めなイメージに打ちのめされる。このように彼らの鏡は、きわめて不安定でいびつな像しか結んでくれません。ようするに自己愛が健全に（ここでは「安定的に」というほどの意味ですが）保たれるためには、家族以外の「他人」の力によって「鏡」を安定させることが必要なのです。

人間は、自己愛なしでは、生きていくことすらできません。自己愛がきちんと機能するには、それが適切に循環できる回路が必要なのです。幼児期までは、それは自分と家族との間を循環するだけで十分でした。しかし思春期以降は事情が違ってきます。事情を変えるもっとも大きな力が「性的欲求」のありようの変化です。そう、思春期以降の自己愛は、異性愛を介在させなければ、うまく機能しません。そして異性愛ばかりは、家族がけっして与えられないものなのです。

「愛」よりも「親切」

ここで述べていることは、けっして理屈で考えたことではありません。私は多くのひきこもりの青年たちが立ち直っていく際に、異性関係が一つの大きな契機となることを、何度も目の当たりにしてきました。逆にいえば、ひきこもり状態を乗り越えられない青年たちにとって、異性関係こそが最大のハードルであることもみてきました。そして異性関係ばかりは、治療によっても与えることができません。そう、ここでも「愛」は、偶発的な出来事としてしか意味を持たないのです。

そして、だからこそ、治療場面では、「愛」に依存すべきではありません。むしろ「愛」を禁欲してでも、ひたすら「親切」を心掛けるべきです。「親切」は、共感なくして成立しませんが、まさにこの「共感」こそがひきこもり事例の求めるものなのです。深く共感しつつ、いたわりの気持ちを持って、「親切」に接してあげること。それこそが、「治療的」態度です。強い愛は、そのぶん攻撃性などの反動を呼びやすい。「親切」には、こうした激しい両価性はありません。知的理解と情緒的共感に立った「親切」な態度こそが、家族に求められる理想的態度です。

3 治療の全体的な流れ

最終的にめざす状態とは

私はさきに、個人・家族・社会の三つのシステム間に成立する「ひきこもりシステム」について述べました。これは一種の悪循環のシステムで、こじれればこじれるほど「ひきこもり状態」が安定し慢性化するような働きを持っています。そこでは個人のみならず、家族も本人も抱え込み、世間体からかくまい通そうと努力します。家族もまた、ひきこもりシステムへと深く巻き込まれているのです。

「社会的ひきこもり」をシステムとして捉えることの利点はいくつかありますが、最大のものは何といっても、現在の問題点と治療の流れを判りやすく図式化できることでしょう。個人・家族・社会およびそれらの接点という構造の、どのポイントで問題が起こっているか。どの部分に働きかければ悪循環のシステムを解除できるか。そうしたことが説明しやすくな

図3　ひきこもりシステムの変化

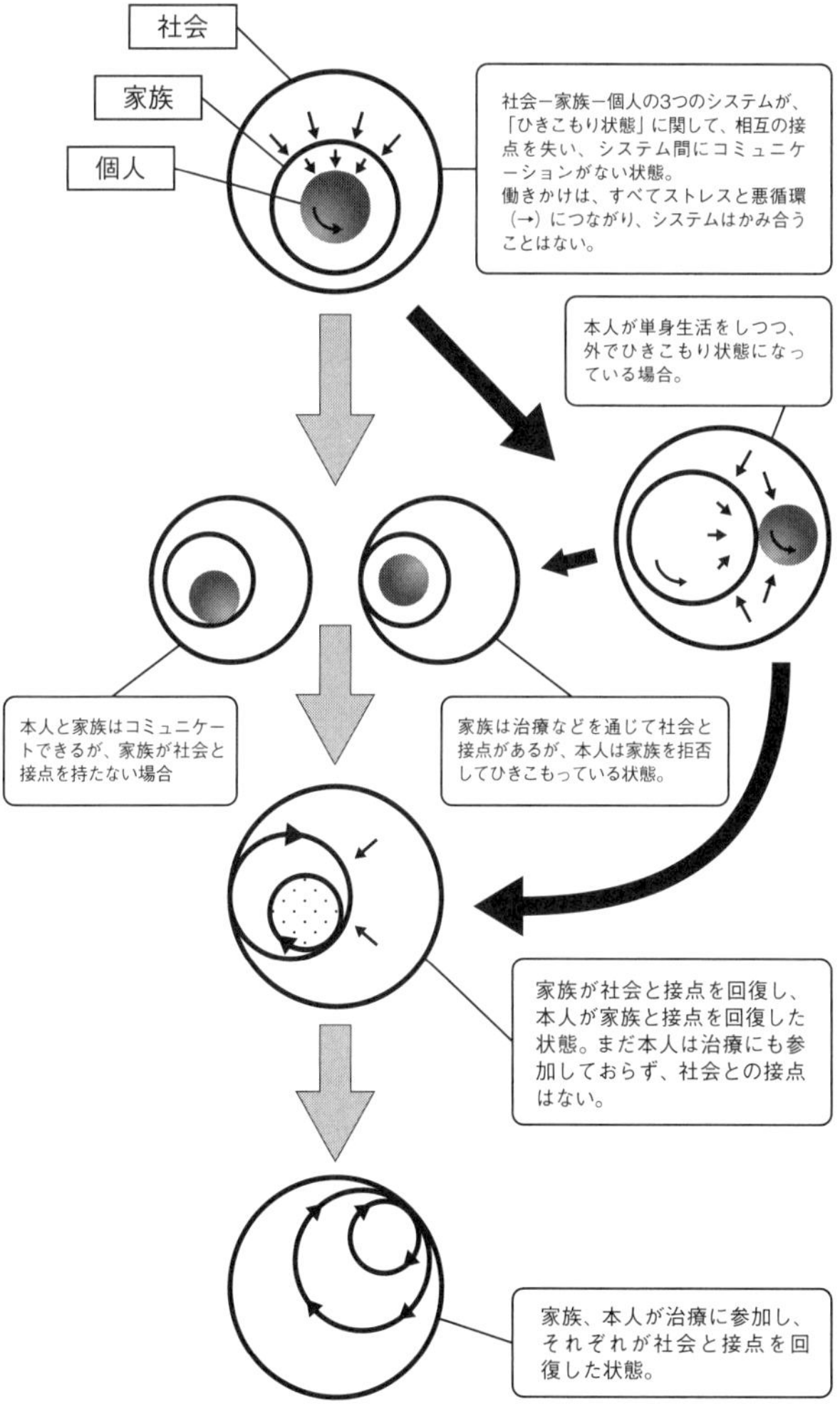
社会
家族
個人
社会ー家族ー個人の3つのシステムが、「ひきこもり状態」に関して、相互の接点を失い、システム間にコミュニケーションがない状態。
働きかけは、すべてストレスと悪循環（→）につながり、システムはかみ合うことはない。
本人が単身生活をしつつ、外でひきこもり状態になっている場合。
本人と家族はコミュニケートできるが、家族が社会と接点を持たない場合
家族は治療などを通じて社会と接点があるが、本人は家族を拒否してひきこもっている状態。
家族が社会と接点を回復し、本人が家族と接点を回復した状態。まだ本人は治療にも参加しておらず、社会との接点はない。
家族、本人が治療に参加し、それぞれが社会と接点を回復した状態。

るのです。

現在の治療のレベルがどの程度進んでいるかを評価するためにも、模式図（図3）は有効です。例えば三つのシステムの相互関係にも、段階ごとにパターンがあります。本人も家族を避け、家族も治療に参加していない状態。家族は相談に通っているが、本人にはそれを知らせていない状態。家族は相談に通い、本人もそれを知りつつ受診できない（しない）状態。本人は治療に通っているが、家族は治療を拒否している状態。こうしたパターンに準じて理解することも、状況を整理するうえでは役に立ちます。

治療相談を通じて、私が最終的にめざすのは、さしあたり次のような状態です。家族、本人ともに治療に継続的に参加し、また家庭でも治療について冷静に話し合いができること。私の認識では、とりあえずここまでの段階にいたることができれば、本人の立ち直りは時間の問題といえます。少なくとも、事態は改善の方向に向かいはじめ、ひきこもりシステムは解除されていきます。

逆に、ずっと治療努力を続けているのに、なかなか本人の社会参加が難しい場合、治療をめぐるコミュニケーションの流れに、何らかの問題がひそんでいることが多いのです。家族の誰か一人が、治療に対して消極的であるだけでも、大きな障害となります。あるいはまた、家族が治療に熱心すぎるのも考えものです。熱心すぎるぶん焦りも強く、少しでもよい治療を求めて東奔西走、病院やカウンセラーをとっかえひっかえしているようなケース。あるいは家族会の活動や自分自身のカウンセリングに、過度に打ち込んでしまうケース。いずれの場合でも、本人の意向は完全に置き去りになってしまいます。本人が従順なのをよいことに、このパターンに陥っている家族は、しばしば「これほど頑張っているのにどうして報われないのか」といった思いを抱きがちです。しかし、本人との相互的なコミュニケーションの回復なくして、ひきこもりの治療はけっして成功しません。さきに示した治療目標にいたることは、それほどたやすいことではないのです。私は悲観論をいっているのではありません。むしろ一定の方向へ向けた努力をねばり強く続けていけば必ず報われる、という事実を強調したいのです。

立ち直りのための二つの段階

さて、ひきこもりシステムという模式図（図3）を想定しながら、治療の全体的な流れについて整理してみましょう。

こじれきった慢性のひきこもり状態から、どのようにして立ち直りをはかっていくか。ごく大ざっぱに考えて、これには二つの段階があります。まず第一段階は、隣り合った二つのシステム同士の接点を回復することです。すなわち、本人と家族、また家族と社会という、二つの接点が十分に回復されなければなりません。そして第二段階では、本人と社会との接点をいかに回復するかが、はじめて問題となります。

このように書くと当然のことのようですが、意外にこの順番は守られないのです。しばしばみられるのは「個人システム」を、いきなり「社会システム」に結びつけようとして失敗するケースです。例えば、地方の全寮制の学校に本人を強制的に送り込むこと。強引にアパートを借り、単身生活をはじめさせること。住み込みの職場をみつけだして、無理に就職させること。これらは初期には軌道に乗るかにみえても、じきに本人が潰れてしまい、家族への深い不信を残すのみの結果に終わることが多いのです。このような失敗を繰り返さないためにも、まず隣接するシステム間の接点を回復する作業からとりかかるほうが確実です。

「家族システム」と「社会システム」の連動は、比較的容易です。具体的には、両親が治療相談機関に赴いたり、あるいは家族会に参加したりすることです。「ひきこもり問題」を家族の問題として抱え込むのではなく、社会との連携において考えるような、開かれた姿勢を作ることです。

もっとも重要な両親の関わり

次いでとりかかるべきは、家族システムと個人システムの連動です。ひきこもっている本人とその家族が、どのような形で接点を回復できるか。さらに具体的には、本人と家族との会話がまず可能になり、より親密でうちとけたやりとりへ向けた働きかけの段階です。私の経験では、この段階がもっとも困難で、時間もかかるようです。こじれ、慢性化したひきこもり事例では、本人が家族と顔を合わせることも避けていたり、いっさい口をきかず、メモだけで意思表示するようなケースもあります。しかし、いかに断絶が深いようにみえても、この段階を抜きにして治療は進展しません。逆にいえば、この段階をどれほど手を抜かず丁寧に行うかによって、その後の経過がかなり違ってくるようなのです。この段階はそれほど重要な意味を持っています。

この段階を全うすることが難しいのは、問題とされるのが本人と家族という関係に限らないからです。治療の中で、しばしば家族間のさまざまな価値観の相違や摩擦が問題化してきます。もっとも多くみられるのは、母親だけが治療に熱心で、父親やきょうだいはまったく無関心か、単なる「怠け」として批判的に捉えているようなケースです。もちろんこの逆の場合もあります。

ここで改めて強調しておきますが、ひきこもりシステムの解消に際して、もっとも重要であるのは両親の関わりです。死別や離婚といった例外をのぞき、両親間の一致した協力態勢を抜きにして、十分な改善は期待できません。あるケースでは、ひきこもっている本人の姉が一人で気をもんでおり、両親は叱咤激励にあけくれるのみ、という状況でした。病院に通うのは必然的に姉一人です。私は姉に対して「きょうだいが関わりすぎることは、治療の役に立たないばかりか、双方のためにならないことが多い。あなたはこれ以上、本人の治療相談にタッチすべきではない。それよりはむしろ、自分の将来を考え、それにむけての行動をとるべきではないか」と答えました。姉は私の助言を受け入れ、以後いっさい本人の治療に協力しなくなりました。その結果、両親が否応なしに通院をはじめざるをえなくなりました。ささやかではあっても、これは一つの進展です。治療者は家族とねばり強く交渉しつつ、このような小さな進展を積み重ねていくよりほかないのです。

このように家族間で意見の相違が大きい場合、本人とのコミュニケーションをはかる以前に、まず家族全体の協力態勢をある程度固めておく必要があります。「ある程度」というのは、最初から万全を望めないためもあります。また、治療が順調に軌道に乗ることで、はじめて両親の治療意欲が固まってくるという部分がどうしてもあります。しかし少なくとも、「ひきこもり」が「怠け」とは違うこと、それが治療を必要とする状態であること、家族の協力が必要であるということ、この三点だけはしっかりと踏まえたうえで、対応をはじめることが望ましいのです。

もし両親の間の葛藤が深刻で、どうしても意見がかみ合わないような場合は、本人の治療以前に、夫婦カウンセリングを勧めることもあります。まず両親が変化を恐れず、困難に立ち向かう姿勢を示すこと。こうした態度変更は、かならず本人に伝わり、よい影響をもたらします。

「怠け」と考えない

さて、以上のような態勢が整ったものとして、家族の本人への対応を、どのように進めるべきでしょうか。

私は実際の事例においては家族の対応を段階的に行うことを勧めてきました。「ひきこもりシステム」に即していうなら、いきなり接点を持とうとすること、つまりコミュニケーシヨンを強要することは、いたずらに本人を刺激するのみであることが多いためです。まず家族環境を十分に調整して、本人が張り巡らしている「家族への防護壁」を徐々にやわらげていく必要があります。

家族の対応も、本人の状態の変化にしたがって、やはり段階的にすすめる必要があります。本人は周囲からの働きかけを、はじめはまったく拒否することが多いからです。こうした本人の抵抗感を、時間をかけて少しずつやわらげていく作業が、まずなされなければなりません。ですから、第一の目標は「家庭の中で本人の気持ちを安定させること」になります。

事例のほとんどが友人も少なく、長期間外出もしないような生活をおくっています。つまり、家庭こそが本人にとって唯一の居場所なのです。せめて家庭の中では、安心してくつろいでいられること。まずこのことが、その後の社会復帰を進める上で欠かせない前提となります。そのためには、本人の状態をけっして「怠け」と考えないことです。

家庭の中では本人の悩みや葛藤は目につきにくく、ただ気楽にぶらぶらしているとみられがちです。しかし、本人が感じているであろう引け目、挫折感、劣等感などは、しばしば周囲の想像を絶したものです。

叱咤激励が有害であることはさきにも述べましたが、いわゆる「正論」というものも、治療にはあまり役にたちません。「二十歳を過ぎれば社会的に責任がある」「働かざるもの食うべからず」「親が甘やかしたからこうなった、もう甘やかさない」「自分で稼ぐ年齢なのだから、小遣いは渡さない」「厳しく対応しなければ自立できない」。いずれも、しごくまっとうな意見ばかりです。一つ一つは、けっして間違った意見ではない。しかし、これらの正しすぎる言葉は、実際には本人をはずかしめ、傷つけるだけです。中井久夫氏も指摘しているように、思春期の事例ではとくに「本人に恥をかかせない」ということを心がける必要があります。「怠け」や「正論」の視点からは、本人を追いつめる発想しか出てきません。「甘え」「わがまま」「自己中心的」という見方も同様です。しかし追いつめるだけでは治療にならないことは、いうまでもありません。

一番不安なのは本人

しかしそうはいっても、家族の不安の種はなかなか尽きません。例えば「あまり家庭の居心地が良くなっては、外の世界に出ていけないのではないか」という心配が、しばしば聞かれます。しごくもっともな疑問ですが、実はこのような意見は、本人の気持ちを十分に理解していれば、まず出てこないはずのものなのです。

ひきこもったままになることを恐れているのは、誰よりもまず、本人自身であるということ。これは、ほとんどすべての社会的ひきこもり事例についていえることではないでしょうか。家庭の居心地がどんなによくても、この不安がすっかり解消することは、けっしてないでしょう。

つまり家族の心配はそのまま、本人の心配でもあるのです。家族は「親の心子知らず」のように感じていても、本人はむしろ普通以上に、家族と同じ価値観を共有していることが多いのです。親のお説教や「正論」が通用しないのは、一つにはこのためでもあります。身にしみて判っていることをことさらに諭されるのは、誰であれ不愉快ですし、反発したくもなるでしょう。

本人もまた、将来の不安を感じ、自分の状態を情けなく思い、しかしどうしていいかわからないのです。けっして気楽な身分でのんびり気ままに過ごしているわけではなく、不本意な思いを強く抱きながらも、社会に出ていけないのです。こうした辛さは、まず家族が共感的に理解しておくべきでしょう。

家族との信頼関係の回復

第二段階では、本人との会話の機会を徐々に増やし、これを通じて家族との信頼関係を取り戻すことが、主な課題となります。

ひきこもり事例では、本人と家族との会話が、しばしば極端に貧しいものになりがちです。たまにお説教する以外には、何を話していいかすら判らない、という家族も少なくありません。

しかし、会話が乏しいままに長期化すれば、家族関係が一層ぎくしゃくしたものになり、治療への糸口もつけにくくなります。

私は家族に、普段からまめに（ただし、くどくならないように）声をかけることを勧めています。

無言でも返事を強要したりせず、あきらめずに何度でも、根気よくはたらきかけること。日常の挨拶や、ちょっとした声かけからはじめて、本人が応ずるようなら、少しずつ話題をふくらませます。

話題としてはたわいない世間話や、趣味の話などがよいようです。仕事や学校、同年代の友人や結婚の話などは、本人の引け目や劣等感を刺激することになるだけなので、避けたほうが無難です。ただし、本人のほうからそうした話題を持ち出してきた時は、その限りではありません。後でもふれますが、本人からの話しかけは大きなチャンスでもありますので、どのような話題でも、まずしっかりと耳を傾けることからはじめます。

話しかけるに当たっては、話す時の表情や口調にも注意が必要です。どんなに本人を気遣う言葉であっても、苦虫を嚙みつぶした顔で、切口上でいわれたのではなんにもなりません。

言葉と態度がうらはらにならないように、できるだけ判りやすい態度を心掛けることが大切です。いいたいことを態度や行動で悟らせようとするのではなく、言葉で伝えていくこと。もちろん「皮肉」や「あてこすり」も禁物です。対応の基本は、あくまでも誠実な「正攻法」です。回りくどく、搦手から攻めるような方法は、治療上はほとんど役に立ちません。これはかえって無用な「勘ぐり」を増やすのみで、家族関係は不安定なものになるでしょう。

恨みや非難をどう受けとめるか

両親からの働きかけに対しては、当初まったく反応がないか、むしろ幾分のとまどいで迎えられるのが普通です。しかし、時間をかけてねばり強く接していけば、徐々に返事が返ってくるようになり、態度も柔らかく変わってきます。それにつれて、会話もだんだんと豊かなものになっていくでしょう。

会話が増えてくる当初は、いろいろな思いがけない話題が出て来て、戸惑わされることもしばしばあります。例えば、ひきこもり事例では両親に対して秘かに「恨み」を持っていることがあります。例えば「こんな惨めな自分が今あるのは、育てた親の責任である」「本当は行きたくない学校に、無理に行かされた」「あの時無理にでも学習塾に入れてくれれば、皆に遅れることはなかった」「いじめられて苦しんでいる時に、気づいてくれなかった」「近所の環境が悪かったのに、引っ越しをしてくれなかった」「中学生からやり直したい。時間を元に戻して欲しい」などのような。

こうした理不尽とも思える非難の矛先を向けられた時、それでも冷静でいられる親は少ないでしょう。「それは事実ではない」とか「そんな理屈は通らない」といった、「正しい反論」をつい、したくなってしまうかもしれません。しかし、ここでも「正しさ」は、さして重要なことがらではありません。とにかくいいたいことはさえぎらずに、最後までいわせ、耳を傾けること。すぐに遮って反論したり、無理に話をそらしたりすべきではないのです。たとえ本人の記憶が不正確で、明らかな事実誤認があったとしても、本人がどのような思いで苦しんできたか、まずそれを丁寧に聞き取ることに意味があるのです。

もちろん「いつも同じことを、くどくど聞かされるので参ってしまう」とこぼす家族も、少なくありません。しかし、そのような家族は、しばしば本人にいいたいことを十分にいわせていません。本人が最後の言葉をいい終わるまで、じっと聞き役に回り続けることは、かなり困難なことです。「何が正しいか」ではなくて、本人が「どう感じてきたか」を十分に理解すること。それが誤った記憶であっても、「記憶の供養」をするような気持ちでつきあうこと。これは本当のコミュニケーションに入る手前で、どうしても必要とされる儀式のようなものなのです。

ただし、注意すべきなのは、「耳を傾けること」と、「いいなりになること」はまったく異なる、という点です。当たり前のようですが、しばしば混同されがちなことです。例えば、本人が腹立ちのあまり、謝罪や賠償を要求してくることがあります。こうした要求に対しては、原則として応ずるべきではありません。私の推測では、こうした要求は、訴えに対して十分にとりあわなかった家族に向けられがちのようです。訴えを家族に届かせるために、より強烈な表現が選ばれた結果の、謝罪・賠償請求なのです。ですから、やはり大切なことは、本人がほんとうに「自分の気持ちを聞き取ってもらえた」と感ずることです。そのように感ずることで、格別のことは何もしなくても、恨みや要求は次第に鎮まっていくものです。

本当に「受容的」であるということ

本人からの批判に対して反発するだけの両親がいる一方で、あまりにも批判を深刻に受けとめてしまう両親もいます。自分たちの育てかたや養育環境がまずかったのだと、深い悔恨にとらわれてしまうのです。しかし、こちらもまた問題があります。養育や進学のことについて後悔すべき点があったとしても、過ぎた後悔は治療の妨げになります。私はこうした家族に対してはいつも、「後悔ではなく、反省だけしてください」と指示しています。「反省」であれば、今後の適切な対応に結びつけられるからです。過度の後悔がまずいのは、毅然として応ずべき時に、どうしても及び腰になってしまうからです。その結果両親が、まるで大罪人のように、何度も不毛な謝罪や償いの行為を繰り返させられることになります。こうなると両親、本人ともに次第に混乱していきます。

本当に「受容的」であるためには、その枠組みがきちんと示されなければなりません。受容のための器が「底抜け」では、受容の意味をなさないでしょう。さらにまた、制限なし、底なしの受容は、むしろ相手に「呑み込まれる恐怖」を与えかねません。受容には「底」や「枠組み」が必要ですし、それが破られようとする時は、むしろ毅然としてそれを拒む態度も必要です。繰り返しますが、親は必ず「受容の姿勢」と同時に「受容の枠組み」を判りやすく本人に示すべきなのです。

もう一つ重要なことは、一度はじめた働きかけはかならず続けるということです。はじめのころは、どの家族も熱心に治療に取り組みます。頻繁に通院し、医師の指示をきちんと実行し、家族会にも参加し、本人にも懸命に働きかけます。しかし、治療が長期間に及び、本人の状態がなかなか変わらずにいると、家族もだんだん無気力になってしまいます。せっかくはじめたよい対応が、だんだん行われなくなってしまうことも少なくありません。これは実際のところ、何もしないよりもまだ悪いことです。

ひきこもっている本人は、表面からはわからなくても、家族の動静には非常に敏感になっているものです。家族が何か、以前とは異なった対応をはじめれば、本人は必ずそれに気付いています。しかし本人も、家族の変化に合わせて、すぐに変わることはできません。むしろ家族がどの程度真剣に取り組んでいるか、気まぐれな変化ではないかどうか、かなり冷静に眺めているものです。そんななかで、せっかくはじめた働きかけを中断されることは、本人にしてみれば、家族からあらためて「おまえを見捨てる」と宣言されることに等しいのです。好ましい対応を継続するためには、まず無理のないペース配分を考えることと、いったんはじめたら半年や一年ではあきらめない、という覚悟が必要です。

最終的な目標は、本人と家族との間に健全なコミュニケーション回路が開かれること、私はそう述べてきました。これは具体的にはどういうことでしょうか。いくつかの家族をみてきて、私はその指標の一つに「両親と本人が冗談をいい合えること」を考えています。軽く相手をからかうような言葉が日常的に、自然に交わされるような関係。ある程度家族間の調整が成功したケースでは、このような関係が次第に可能になってきます。このような関係は、ほどほどの親密さと同時に、ほどほどの距離感が保たれていなければ成り立ちません。とりわけ、距離が十分とれない段階では、冗談が通用せず、すぐ「勘ぐり」や家庭内暴力につながったりしがちです。また双方が互いに遠慮しすぎる関係であれば、それこそ冗談どころではありません。ほどほどの距離感が維持されていれば、「社会的ひきこもりの治療」という問題意識が共有され、ともに治療に取り組むという理想的な関係が達成しやすくなります。

家族の中の「犯人探し」の論理

前の項目でも述べましたが、ひきこもり事例の治療に当たっては、家族の全面的な協力が必要になります。ほかの疾患と比べても、家族の重要性は段違いに大きい。他の疾患の場合、家族の協力が不十分でも、薬物や個人精神療法などで、あるレベルまでは治療できます。しかしひきこもり事例の場合、家族の協力が得られなければ、その治療はほとんど不可能です。そもそも本人に治療意欲がまったくないか、きわめて不安定である以上、家族が協力せずして治療にならないのは当然ともいえます。

ここでは「家族」とは事実上、両親のことです。両親が全面的に関わることが、治療上不可欠であるということ。さらにいえば、両親以外の家族あるいは親戚の関与は、不要であるか、あるいは有害です。

父親の無関心も問題で、しばしば治療は母親に任せきりになりがちです。本当に任せきりならまだましですが、父親本人は、気まぐれに本人を叱りつけたり激励したり、それで責務を果たしたつもりでいることが多い。しかしそのような関わりは、治療の足を引っ張るものでしかありません。もちろん父親には仕事がある関係で、治療の中で母親の比重が大きくなることは避けられません。しかし経験的には、父親が熱心なケースほど、治療も進展しやすいのです。やはり両親がひきこもりへの理解を共有し、力を合わせて事に当たるほうが望ましい。定期的に通院するなどは無理でも、時には両親そろって家族会や勉強会に参加するなどして、本人への対応や心構えを十分に一致させておくことです。

残念ながら、こじれたひきこもりのケースでは、両親の関係もしばしばぎくしゃくしたものになっていることがほとんどです。父親は「母親の養育方針が間違いだった」と主張し、母親は「父親の無関心が原因だ」とゆずらない。しかしこれは、もっとも避けるべき「犯人探し」の論理です。そう、「犯人探し」はつまるところ、答えのない問いであり、治療上は害の多い考え方です。何よりもひきこもっている本人が、一番そういう考え方に陥りやすい。「自分がこうなったのは親のせい」という発想は、両親のそうしたいさかいからも影響を受け、いっそう強化されてしまいます。

これを防ぐには、回り道のようでも、両親の夫婦関係から見直す必要があります。話し合いで解決することもあれば、カウンセリングが必要になることもあるでしょう。ともかく、両親が夫婦として仲良くなれること、そのことの治療的効果は、絶大なものがあります。両親がみずから葛藤の解決に取り組み、それを乗り越える姿は、本人にも確実に希望をもたらすでしょう。また、しばしば密室的な母子関係が生まれて、治療の妨げになることはみてきたとおりですが、母親が父親と親密な関係にあることで、このような密室化は防ぎうるでしょう。

長期戦をやり遂げるために

事態が深刻であっても、いやむしろ深刻であるほど、絶対に関わろうとしない親もいます。とりわけ父親にはこのタイプが多いのです。どんなに母親が促しても話し合いに応じないばかりか、「お前がなんとかしろ、俺は知らん」の一点張り。当の本人は仕事に没頭するかのようで、実はもっとも大きな困難を避け、仕事へと逃避しているのです。つまり、これもまた「ひきこもり」なのです。このような態度は、やはり想像力の欠如として批判されなければなりません。問題なのは、誰が悪いかというような瑣末な事柄ではなく、これからどうあるべきか、ということなのです。もし今すぐに手を打たなければ、十年後、二十年後には、三十代ないし四十代にいたったわが子を養いつづけなければなりません。そう、もちろん定年後もずっと、です。事態を漫然と放置しつつ、目前の状況から目をそらし続けることの結果は、それほど歴然としています。

私がこのようにあえて将来の不安をあおりますと、一部の親は「子どもが立ち直れるなら何でもする、どんな犠牲でも払う」といった、過剰反応に陥ってしまいます。これはこれで困ったものです。私は両親に、本気で治療に取り組んでもらいたいと考えていますが、何も「すべてを投げうって治療だけに専念せよ」と主張したいわけではないのです。治療自体は、生活の一部をそのために割くだけで、十分に可能なのですから。

それでもかなりの数の、とくに母親が、なかばは償いの気持ちから、本当に何もかもなげうって本人の世話に当たろうと試みます。本書では何度も強調していますが、このような密着した母子関係は、むしろ治療の妨げになります。それにもかかわらず、そのような関係がしばしば生まれてしまうのは、なぜでしょうか。私はそれが、本人も、また母親自身も、そのような関係をどこかで望んでいるためと考えています。自分を犠牲にすることの甘美さもまた、こうした関係を強めるでしょう。こうなってくると、犠牲も献身も、一種の中毒のようなものになってしまいます。本人は「僕は母親なしでは生きていけない」と感じ、母親も

「この子は私なしでは生きていけない」と確信する。もちろんそれは錯覚に過ぎないのですが、この中毒作用はそれほど強烈なのです。もう一度いいますが、治療を考えるのなら、このような「愛情」は禁欲されるべきです。

むしろ、ひきこもり治療という長期戦、それもかなりの消耗戦をやり遂げるには、両親それぞれが自分の世界を、しっかりと確保する必要があります。父親には仕事やつきあいがありますから、この点は主に母親について強調しておきます。二十四時間、本人と向き合って過ごすようなやり方は、まったく好ましくありません。母親もまた、パートなどの仕事や趣味、習い事などの時間を十分に確保すべきですし、社交も欠かせません。そのような場面で、母親が自分のための時間を確保することは、母親自身の精神的バランスの維持に役立つでしょう。母親が外に出かけることを非常に嫌がる事例もありますが、あえて振り切ってでも出かけていくことで、本人の中にも「母親という個人」があらためて認識されるでしょう。自分とは異なる個人としての母親を認め、その事実を受け入れること。こうした変化は、ひきこもり治療の中ではきわめて重要な意味を持ちます。

4 日常の生活の中で

まず声をかけることから

ひきこもり事例の約半数で、家族との会話がきわめて乏しくなっていることは、本書の前半で述べてきたとおりです。「治療の全体的な流れ」の項目でも部分的にふれましたが、このような場合、まず家族と本人の会話を復活させることが最優先課題です。この項では、そのための具体的なテクニックについてふれておきます。

ほとんど口も利かず、それどころか家族ですら、もう何カ月も本人の顔をみたことがないという事例も珍しくありません。しかし、どれほど徹底して家族を避けているようなケースでも、息をひそめつつ、家族の動静を細大漏らさずうかがっているのは確かです。両親が急に話しかけるようになると、本人はすぐに気づきます。「おや、また何かはじまったぞ」それから、彼（女）はさまざまに推測するでしょう。「今度はどこの入れ知恵だろう。また新聞で『ひきこもり特集』でも読んだんだろう。どのくらいもつか、ひとつみていてやろう」。だいたいそのような視線が向けられていることを意識しつつ、両親は働きかけをはじめることになります。

手はじめはまず、「挨拶」からです。おはよう、行ってきます、ただいま、おかえり、いただきます、ありがとう、おやすみ、そういった程度の声掛けからはじめてみること。これはけっして、本人に対してのみならず、家族みんなができるだけ挨拶を交わすようにすれば、なおよい影響があるでしょう。もちろん本人は挨拶を無視するでしょうし、時には迷惑そうな態度すらみせるかもしれません。しかし、挨拶することで本人が深く傷つくことはありません。少々押しつけがましくとも、挨拶を励行することが第一歩です。そして、くどいようですが、一度はじめた挨拶は、けっして自然消滅などしないように、配慮されるべきです。

しばらく挨拶だけの働きかけを続けていると、本人のほうから声をかけてくることもあります。貴重な会話のいとぐちですから、その機を逃すべきではありません。何でもないやりとりでも、できるだけたくさん、「口を利く」機会を設けましょう。まだ会話と呼べるものはなくとも、こうした機会が増えるにつれて、本人の家族への警戒心は、確実に薄れていくからです。どうしても挨拶一つ返さないという場合は、メモを併用してみましょう。こちらも、内容はささいな、なんでもない言葉を一言か二言書いてあれば十分でしょう。「ごはんのおかずは何がよいか」とか、「出かけるついでに買ってきてほしいものがあるか」といったものが無難でしょう。「庭の花がきれいだよ」といった、時候の挨拶のようなものでも構いません。本人を刺激しないためには、むしろできるだけ些細な、平凡な内容のものが望ましいでしょう。

しばしば会話が不自然になるとか、どうも緊張してうまく話せないという親がいます。しかし、長年ひきこもって話もしなかった子どもに話しかける時、ぎこちなく不自然にならないほうがどうかしています。わざとらしくても、不自然でも構わない。要は本人に、親が自分と話したがっていること、またそのために大変な努力を試みていること、そうしたことが伝わればいいのです。

声をかける際に、注意しなければならないのは、本人が自分の部屋にこもっている場合、必ず部屋の外から声をかけるようにするということです。信じがたいことですが世の中には、ノックもせずに息子の部屋のドアを開けたり、あるいはノックしても返事も待たずにドアを開ける親もいるようなのです。こうした行為は治療的でないばかりか、常識的ですらありません。まだ会話が成立してない段階なら、本人のプライヴァシーを最大限に尊重するという姿勢を、はっきり示す必要があります。そのためにも声かけは、ドアを開けずに部屋の外からするのが望ましいのです。

会話をどう続けるか

よく会話はキャッチボールにたとえられます。つまり相互性のあるやりとりということです。相互性のないやりとりは、単なる独り言と大して変わりません。その意味で、上から見下ろすような話し方、やたら決めつけるような断定的なものの言い方は好ましくありません。むしろできるだけぼかした、ソフトな言い方が望ましいのです。「それは○○に決まっている！」とか、「世間では××があたりまえなんだ」という言い方ではなく、「どうもそれは○○なんじゃないかなあ」とか、「お父さんは、××がいいように思うけど、あなたはどうか」という言い方です。これが板についてくれば、コミュニケーションはずっと深まりやすくなるでしょう。ちなみに、本人への呼びかけは、「お前」や「君」では反発を買いやすい。私は本人の名前（呼び捨てないし「さん」つけ、「君」は不可）か「あなた」と呼びかけることを勧めています。

話題として、将来のことや同世代の友人の話は避けるべきであることは、以前にも述べました。しかし本当は、避けるべき話題の細目を網羅するより、ひきこもっている本人の身になって考えてみることが大切です。自分の人生は失敗であり、すっかり出遅れてしまったと考えている人に、将来の話、仕事の話、結婚の話などを持ち出すことの残酷さ。過去の楽しかった頃の思い出話すら、本人は忌避します。同じくらいの年齢のタレントの話題なども、少しずつ本人を傷つけています。話題としては、時事的、社会的なことがらあたりが、もっとも無難でしょう。事実、世界情勢にはかなり関心の高いひきこもり青年も少なくありません。これに限らず、本人に何か趣味がある場合は、それについていろいろと尋ねてみることも悪くないでしょう。

金銭に関する三原則

思春期問題において、「お金」は、大変重要な位置を占めています。ひきこもりに限らず、思春期事例の治療において、お金の扱い方には原則があります。それはまとめると、次の三つほどの原則になります。

＊小遣いは、十分に与える

＊金額は必ず、一定にする
＊その額については、本人と相談して決める

この最初の項目をみただけで、もう不安に駆られる家族も少なくないでしょう。小遣いを十分に与えたりしたら、仕事をする気がなくなってしまう、と危惧する人もいるでしょう。しかし、ほんとうに共感が成立していれば、このような発想は出てきません。本人がひきこもっているのは、けっして「働きたくないから」ではなくて、「働きたいのに働けないから」なのです。

ほとんどのケースで、なんとなく「欲しい時に欲しいだけ」という、あいまいな形でお金がやりとりされています。これは二重の意味で危険です。一つは、激しい浪費につながりやすいため。もう一つは、だんだんお金を欲しがらなくなってしまうことがあるためです。「とくに欲しいものもないから、お金は要らない」などといいはじめたら、これはたいへん危険な兆候です。

ひきこもり事例では、意欲のみが乏しくなるわけではありません。しばしば性欲や物欲などといった、さまざまな欲望が全般的に少なくなることがあります。ふたたび精神分析によるなら「欲望は常に他人の欲望」ということです。つまり私たちがほしがるものは、多かれ

少なかれ他人がほしがるものなのです。物の価値は他人の欲望の度合いによって決まり、私たちはおおむね、その価値にしたがった欲望を持つのです。捨てるつもりのものが、他人にねだられた途端に惜しくなったりするのも、このためです。逆にいえば、社会との接点が希薄になり、距離が離れるほど、欲望も薄れていきます。こうした欲望の衰えが進んでしまうと、そこから戻ってくるのが非常に大変になります。物欲を刺激し、消費活動というかたちでの社会参加を促すためにも、小遣いは十分にあげるべきことを、もう一度、強調しておきます。そう、消費もまた社会参加の一つのかたちであり、ほとんどのひきこもり事例にとって、社会と接するための唯一の砦なのです。それを奪うべきでないことは、当然のことです。

私は、ある程度十分なコミュニケーションが成立するようになったら、本人の生活費がどれほどかかっているか、その点を常に明確にすべきであると考えています。これは、本人の嗜好品や趣味、ファッションなどにかけられる金額すべてを指しています。逆にいえば、食費や光熱費以外に本人が必要とする金額です。こうした金額をすべて明らかにしたうえで、それら一切を小遣いとしてまかなわせることが理想です。

実際に本人に尋ねてみると、とても足りないような少額を申し出ることが案外多いものです。これはやはり、本人の引け目や申し訳なさのあらわれと考えるべきでしょう。私の経験でも、本人に決めさせてとんでもない高額に決定した、という事例は記憶にありません。月に数十万円も消費するようなケースでは、ほぼ例外なく、欲しい時に欲しいだけ渡すというやり方がとられていました。まずお金を計画的に使えるようにすることが目標ですから、「何のためにどれくらいのお金が必要であるか」という、細目にわたるリストを話し合いながら作り、それをもとに決められれば申し分ありません。なかなか決めづらい時は、過去半年から一年間の月平均の額を計算し、それに準じて決定するのが、もっとも現実的で、説得力があるでしょう。

　こうして金額が決定したら、あとはその枠組みを守らせることです。使いすぎたら我慢させるか、あるいは「前借り」を認める方法もあります。逆に本人がアルバイトをはじめた場合などでも、当分は小遣いを渡し続けたほうがよい。「一定にする」とは、そういうことです。

　お金は人を狂わせることもありますが、そのぶん適切に用いれば、人を正気づけることもできると、私は考えています。お金は使えばなくなる。あるいは、使わなければ貯まる。このあたりまえの感覚すら十分に身に付いていない事例が、いかに多いことでしょうか。金銭ついての原則を守ることは、こうした感覚を身に付けることで、自分の経済的なポジションへの自覚を促すことになるでしょう。

「子ども返り」をどう捉えるか

数年前、思春期の問題を扱ったTVドラマをみて、次のようなシーンに出くわしました。一つのテーマとして、家庭内暴力を振るう息子と母親の葛藤が描かれるのですが、その結末で、母親は中学生とおぼしい息子の気持ちを受け入れ、なんと赤ん坊のように抱きかかえて乳房を含ませるのです。これをみて私は、あまりのことに愕然としました。どうやらこれはハッピーエンドとして理解すべきシーンだったようですが、私はむしろ、この母子の行く末を思って暗澹としてしまいました。ここにはいかなる治療論もなく、ただやみくもに癒されたがっている、誰かのはしたない欲望が吐露されているだけではないか。脚本家ないし演出家の無知は致し方ないとして、問題はおそらく、このような解決を望むかのような社会的状況がありはしないか、ということです。

もし本人の状態が「退行」、すなわち「子ども返り」のような状態であるとしたら、こうした対応は勧められません。これに関連していえば、ひきこもり事例の「治療」として、時に退行を促すように勧める治療者もいるようですが、私は経験的に反対です。

退行を促す側の論理は、おおむね次のようなものです。

——子どもたちは、小さい頃から「いい子」でいることを強いられてきた。そのため彼らは、いままで一度も、子どもらしく親に甘えることができなかった。これは、子どもの甘えを受容できなかった親の側にも責任がある。ひきこもり状態は、こうした甘えたい気持ちのサインなのだから、そうした気持ちは、しっかり受けとめる必要がある。「治療」とはつまるところ、「育てなおし」なのだから、まずスキンシップなどを通じて、十分に甘やかすところからスタートすべきである。

もちろん、こうした理解がすべて誤りというわけではありません。前思春期の問題の一部や、不登校・ひきこもりがはじまった初期段階の一部においては、このような理解がそれなりに有効でありえます。しかし実際の臨床場面では、こうした理解はむしろ、弊害のほうが多いように思われます。受容に枠組みが必要であることは述べてきた通りですが、ここでの「枠組み」は、スキンシップの禁止です。甘えの受容は言葉のレベルにとどめ、身体接触をともなう甘えの要求は、原則として退けなければならないのです。

「強迫」とのつきあい方

強迫症状の問題は、家庭内暴力のそれとよく似ています。いずれも母親が巻き込まれ、被害者になりやすい。とりわけ確認強迫といった症状では、本人が納得するまで確認行為をさせられ、本人も母親もくたくたになります。ある事例では「火葬場」のイメージに対する恐怖が強く、たまたま母親とドライブの帰りに斎場の近くを通ったことを気に病んで、同じルートを何十回も車で往復させ、疲れ切った母親は危うく接触事故を起こしそうになりました。このような事例でも、対応は非常に難しいように思えます。

その強迫症状が、強迫神経症による症状であるなら、まずそちらの治療を優先することになります。しかし、ひきこもり状態から一次的に起こった強迫症状の場合は、事情が異なってくるでしょう。私の印象では、この二次的な強迫症状はしばしば、コミュニケーションに問題ありというサインであることが多い。この場合、両親がともに治療に参加しつつ、コミュニケーションのあり方を適正化することで強迫症状は改善できます。しかし、むしろ問題なのは、強迫症状を訴える本人も頑固ですが、家族がまたそれに輪を掛けて融通が利かないことが多い点です。家族が本人の症状を十分に理解し納得することが必要です。

本人が単身生活をしている場合

本人が大学生の場合など、長期間家族と別居したままひきこもる事例が、時にみられます。なかには「自立のため」という名目で、かなり強引に単身生活をさせられている事例もあります。しかし特殊な例外を除き、ひきこもり状態での単身生活はまったく「自立」の役には立ちません。多くはそのまま、アパートでひきこもってしまうからです。むしろ家族との接点が持ちにくかったり、治療の導入が難しくなるなど、問題点のほうが多いのです。物理的にも心理的にも家族との接点が失われ、「ひきこもりシステム」の解除が、ほとんどできなくなります。

このような場合、本人と交渉しつつ一度は同居生活に戻すのが原則です。ただし、あまり強引に交渉すると、突然行方をくらましてしまう場合もあるため、交渉は時間をかけつつ、何度でも重ねる必要があります。本人が「どうしても家族とは住みたくない」と主張するなら、せめて近所のアパートに住まわせるなどして、少しでも接点を増やすようにします。通信環境も重要です。電話は当然として、インターネットやＳＮＳなども使用できれば申し分ありません。こうして家族が定期的に電話を掛けたり、直接アパートを訪問したり、本人が応ずるようならときどき家に泊めるなどして、徐々に同居へ向けて交渉していくことになります。

生活の「だらしなさ」を受け入れる

ひきこもり事例ではしばしば、生活全般にだらしなさが目立つようになります。

まず昼夜逆転のように、生活のリズムがきわめて不規則なものになります。またこもっている部屋の中は、きわめて乱雑で、物やごみが散乱し、足の踏み場もないほどの状態になっていることがあります。時には本人は自分の部屋の環境が悪化しすぎると、茶の間や台所を占拠して、そこにも自分のゲームソフトやビデオ、雑誌を山のように積み上げるようになります。

あるいはまた「自室でTVばかりみている」「いつもゲームばかりしている」といった不満もしばしば聞かれます。自分の興味ある対象にのみ関心を示して社会と関わろうとしない、いわゆる「おたく」的な自閉傾向は、どうしても病的なものとして、悪く捉えられがちです。しかしひきこもり事例に関しては、たとえTVの画面を通じてでも社会的な関心を維持することが、むしろ望ましいのです。TVやパソコンに溺れることが対人困難を助長するという意見も根強いようですが、はっきり根拠があることではありません。むやみに危機感を抱くよりは、親も一緒になって楽しむ方がよいでしょう。「一緒に楽しむ」という行為それ自体が、立派なコミュニケーションであるからです。

いずれにせよ「生活態度」のような表面的な部分にとらわれたままでは、ひきこもり事例の本質がみえてこないのも事実です。まず一度は、本人のだらしなさも含めて、現状をまるごと受け入れるところからはじめる。これが基本的姿勢となります。このような「だらしなさ」は、いずれもひきこもり状態から二次的に起こった症状なので、それだけ正すのは無意味なのです。

「だらしなさ」の受容は、本人のプライヴァシーを尊重することとつながります。まず「本人の部屋」というテリトリーをみだりに侵さないこと。おおげさにいえば、部屋は本人の城であり聖域なのです。どれほど乱雑で汚い部屋であっても、勝手に入り込んで掃除したり、ゴミを勝手に捨ててしまったりすることは感心しません。両親はまず、本人の部屋の空間的価値を尊重するという姿勢を明らかにすべきです。これはたとえば、ドアを断りもなしに開けないとか、声をかける時は必ずドア越しにかけるとか、部屋の掃除をする時は必ず本人に確認するとか、そういった些細な努力です。同時に、プライヴァシーの境界をはっきりさせるためにも、お茶の間のような共有の場には、できるだけ本人の物を置かせないことです。すでにそうなっている場合でも、じっくり交渉して撤去させるべきです。これもまた、「受容するための枠組み」を明らかにするうえで欠かせないことです。

基本は現状維持

ひきこもりの治療中は、本人の所属や家族の生活環境などの大きな変化は、できるだけ避けるようにすべきです。具体的には、退学、退職、転職、転居、家の新築などは、できる限り避けるか、引き延ばすことになります。とくに学校や就職での挫折感が強い事例では、ひきこもりはじめると、退学や退職を強く希望することがあります。しかし、本人のいうがままに手続きをした結果、急に元気がなくなって落ち込んだりすることもよくみられます。学校や職場に籍があることは、こもっている本人にとっては、つねに暗黙のプレッシャーやストレスを与えます。だからこそ本人は、そうした所属をかなぐり捨てて、早く楽になりたいと望むのです。しかし実際にやめてみると、今度は「社会のどこにも自分の籍がない」という事実が、いっそう重くのしかかってきます。たとえ学校に戻る気はないにしても、学生証はないよりあったほうがいい。もしこのような要求が出たら、多少は説得してでも籍を残すようにしておくほうがいいでしょう。

転居についても同様です。近所の視線が気になるといった理由で本人が転居を要求し、やむをえず転居に踏み切ってはみたものの、本人のひきこもり状況はちっとも変わらず、かえって悪くなったというケースもあります。これにもいくつかの理由があります。しばしば本人は「環境が悪いせいでこうなっている」と考えがちです。しかし実際には、ひきこもった生活によって対人関係や視線などに過敏になっているわけですから、引っ越してもそうは事情は変わらないのです。さらにはまた、本人の中にも「家族に無用の負担をかけてしまった」という、強い後悔の念が出てきます。これが家族への引け目となって、いっそうコミュニケーションを塞いでしまうのです。

ただし転居には、成功例もないわけではありません。本人だけのためではなく、家族全員の総意にもとづいて転居するような形にできれば、うまくいく可能性もあるでしょう。

5 家庭内暴力の悲しみ

「甘んじて受ける」対応は間違い

社会的ひきこもりの事例では、かなりの割合でいわゆる「家庭内暴力」を伴います。これがひきこもり問題をいっそう扱いにくいものにしてしまいます。些細なこと、時には理由もなしに突発する暴力は、家庭の雰囲気を荒涼とさせずにはおきません。家中を不自然でこわばった沈黙が支配し、家族は本人のちょっとした表情、しぐさにもおびえながら生活する日々を強いられます。

とりわけ母親が暴力を受けやすく、本人から表面的にはまるで奴隷同然の扱いを何年も受け続けていることがしばしばあります。誇張ではなく二十四時間、べったりと密着した生活が続き、ゆっくり眠る時間すら奪われてしまいます。真夜中に叩き起こされ、本人が唐突に思い出した昔の恨みつらみを何時間でも延々と聞かされます。それでも「母親の相槌が気に入らない」といったことから、理不尽な暴力がはじまります。

思春期問題の専門家の中には、こうした暴力は甘んじて受けなさい、といったアドヴァイスをする人もいます。気が済めばおさまるし、親は暴力を振るわれるだけのことを子どもにしてきたんだから、というのが、その理由のようです。しかし臨床の現場にたちかえるなら、こうした対応は単純に間違いです。間違っているだけではなく、時には暴力を助長してしまいます。「進んで暴力に身をさらす」などという行為は、危険な挑発にほかならないからです。

後でも述べるように、家庭内暴力の底にあるものは「悲しみ」なのです。単純な攻撃性なら、たしかに「気が済む」こともあるでしょう。しかし家庭内暴力は、そのような爽快感とは一切無縁です。暴力を振るうほどみずからも傷つき、暴力を振るう自分が許しがたく、しかしそのような「許せない自分」を育てたのはやはり両親なのだ、という自責と他責の悪循環があるだけです。

「親は暴力を振るわれるだけのことをしてきた」という見解もまた、古くは「母原病」などに遡りうる「犯人探し」の論理です。これに関連して、私はある興味深い事実に気づきました。「社会的ひきこもり」や「家庭内暴力」の事例では、本来の意味での「幼児虐待」を受けた事例がほとんどないのです。もちろんこれは「診察室の印象」に過ぎませんから、一般化できるかどうかはわかりません。しかし、実際に児童虐待の被害者も治療してきた経験から、その理由を推測することはできます。深刻な虐待の経験者は、より病理性の深い「解離性同一性障害（いわゆる「多重人格」）」や「PTSD（心的外傷後ストレス障害）」を発症することになりますが、家庭内暴力による「親への復讐」などは思いもよらないことが多いのです。むしろ虐待の犠牲者は、自分が家庭を持った時に、妻や子に対して暴力を振るうようになることが多いようです。

過去の恨みつらみとの付き合いかたは、会話のところでもふれましたので繰り返しません。本人の恨みを言葉として十分に聞き取ること、同時にその言葉に振り回されないことだけを強調しておきます。

「暴力の拒否」という立場

私の基本的立場は、「暴力の拒否」です。それが正当な「体罰」であろうと、共感可能な「復讐」であろうと、いっさいの暴力は、方法としては否定されるべきです。「方法としては」といった言い方になるのは、制度としての体罰は否定されるにしても、あえて制度を犯してなされる体罰のなかには、肯定せざるをえないものもある、ということですが、それはまた別の話です。

「拒否」といいましたが、もちろんそれは暴力との「対決」を意味していません。「対決」もまた、暴力を助長するだけだからです。暴力の拒否とは「暴力を押さえ込むための暴力」も拒否するということです。力で家庭内暴力を制圧する試みは、ほとんど確実に失敗します。暴力は暴力の連鎖しか生み出すことはないという一つの常識を、ここで再確認しておきましょう。

家庭内暴力に対しても「拒否」で向き合うしかない。ここまでは判っています。しかし「拒否」の方法は、事例によってさまざまになるでしょう。

家庭内暴力について、その重症度、あるいは難しさを決めるのは、暴力の内容ではありません。むしろ問題となるのは「暴力の続いている期間」ということになります。かなり激しい暴力であっても、まだはじまって数週間なら、対処は比較的容易です。しかしそれほど激しさはなくても、何年も続いている慢性的な暴力では、かなり対応が難しくなります。ここでは大きく分けて、比較的対応しやすい「初期の暴力」と、長期化し、こじれた「慢性的暴力」の二つについて、その対応方法を具体的に述べてみましょう。

苦しみを一人で背負いきれない「悲しみ」

どのような対応をするにせよ、まず暴力の背景を十分に理解しておくことはどうしても必要です。暴力を振るわずにはいられないという気持ちを、どのように理解するか。

客観的な事実はどうあれ、本人の中では、これまでの人生が惨憺たるものだったとの思いが強くあります。受験に失敗したこと、自分の容貌のこと、恋人や友人ができなかったこと、望んだ会社に入れなかったことなど、本人はみずからのこれまでの歴史を、あたかも失敗の連続のように捉えているはずです。彼らが辛うじて自殺の誘惑に陥らずに済んでいるのは、まさに「失敗」を他人のせいにすることによってです。

しかし本人は必ずしも「自分がこうなったのは親のせい」であると確信しきっているわけではない。家庭内暴力の事例を治療していくなかで、ほとんどすべての事例が「自分は親に迷惑をかけ続けてきた、ダメな人間である」と告白します。これもまた、彼らの本心なのです。このように彼らは自責と他責の間で引き裂かれ、心やすらぐことのない日々を過ごしています。精神分析家の神田橋條治氏が指摘するように、家庭内暴力の背後にある感情は、「憎しみ」ではなく「悲しみ」なのです。

初期の基本は刺激しないこと

初期の家庭内暴力を沈静化するためには、まず「刺激しないこと」です。簡単なようで、これは意外に難しい。これを確実に成功させるには、本人にとってどんなことが刺激になりうるかを正確に知っておく必要があります。暴力を振るわずにはいられないほどの「悲しみ」が、どのように起こってきたか。本人の劣等感を刺激せず、「恥をかかせない」ためには、何に気をつけるべきか。それを知るためには、ひきこもり事例とも共通する彼らの葛藤のありようを共感的に理解するところからはじめなければなりません。そして、ごく初期の家庭内暴力の事例であれば、このような理解とコミュニケーションが十分になされるだけで、暴力はきれいに解消することもあります。

他人の介在

それではさらに重症の、長期にわたって続いている暴力についてはどうでしょうか。こちらはいうまでもなく、対応が格段に難しくなります。慢性化した事例の場合、小手先の対応を変える程度では、びくともしないことが多いからです。いや、それ以前に、対応を変えることすら難しくなっている。親がそれこそ、蛇に睨まれた蛙のようにすくんでしまい、身動きがとれない状況におかれてしまうのです。これほどこじれた事例に対してどのような解決策がありうるでしょうか。

比較的穏当な方法として考えられるのは、他人を介在させることです。これはもちろん、誰かに暴力の仲裁役を頼むということではありません。そうではなくて、ただ家庭の中に他人が入ってくるというだけでよいのです。母親へ激しい暴力を振るっていた息子が、妹の婚約者が同居するようになってから、ぴったりと暴力を振るわなくなったというケースを経験したことがあります。もちろん本人は、他人が入り込むことをひどく嫌うのですが、いったん受け入れてしまうと、それが暴力を鎮めるきっかけになりやすいのです。

ここでいう「他人」には、「警察」も含まれます。暴力の程度によっては、もちろん警察への通報も考えるべきです。ただしこれは、「警察が何とかしてくれる」からではありません。家庭内暴力の事例では、家族が通報して警察官が駆けつけてみると、暴力はすっかりおさまっていることがほとんどです。ご存じの通り警察は、現行犯でもない本人に対して、せいぜい説諭するくらいしかできません。しかし、それでいいのです。要は「家族は場合によっては警察を呼ぶほどの覚悟ができている」ということが理解されればいい。同じ意味で、警備会社と契約しておき、暴力が起こったら警備員を呼ぶということも有意義かもしれません。家族によっては「そんなことをしたら、後の仕返しがこわい」と考えて踏みとどまることも多いのですが、これは家族の態度いかんです。通報すべき時は断固として通報し、それを繰り返すこと。このような毅然とした態度があれば、「仕返し」のおそれはほとんどないといえます。

もう一つ、暴力の拒否のために私がしばしば採用しているのは「家族の避難」です。暴力と対決せずに、暴力を拒否するためには、暴力の場面から避難すること。もちろん家族には多大な負担となるでしょうが、適切に行えば、確実な効果が期待できます。その具体的な方法について述べる前に、次のことは確認しておかねばなりません。これらの方法は、効果も大きいぶんだけ、リスクも伴います。またタイミングを誤れば、失敗する可能性も十分にあります。したがって、治療としての「避難」を実践する場合には、専門家と連携することが必要となります。

「避難」――ある家族の場合

ここでは私の経験したケースにもとづいて、実際にどのようにことを運ぶべきかを解説しておきましょう。ケースはもちろんフィクションですが、細部はすべて実例にもとづいて合成したものです。

もう十年以上もひきこもりと家庭内暴力が続いている事例でした。もちろん本人は、治療場面にはあらわれません。暴力の対象は、もっぱら母親と、五歳年下の高校生の弟でした。暴れはじめるきっかけは、常に些細な不満からです。母親の食事の支度が遅い、弟がＴＶゲームにつきあってくれない、風呂場のタオルが新しいものに交換されていない、自分がいないところで家族が楽しそうに笑っていた、そういったことの一つ一つが引き金となって、激しい暴力がはじまります。長男の部屋の壁はもう穴だらけで、無傷な家具は一つもありません。とりわけ被害を受けやすい母親は、青アザや生傷が絶えない状態です。しかし本人は、ひどく暴れた後ほど、泣かんばかりに母親に謝ります。母親の体を気遣い、もう絶対にしないと誓います。「そんな態度をみていると、つい不憫に思えてしまい、そばにいてなんとかしてあげたいと思う」と母親はいいます。このような献身的母親は少なくないのですが、まさにこうした関係こそが、さきにもふれた「共依存」関係にほかならないことは、あらためて強調するまでもないでしょう。

長男の生活はかなり不規則で、起きている間中母親をそばにかしずかせて世話をさせます。おかげで母親は外出もままならず、ほとんど四六時中、長男に付き従わなければなりません。慢性的な寝不足が続き、家から緊張が絶えたことがありません。会社員の父親は、一度暴力を止めに入って手ひどく逆襲されてからは、ほとんど仕事に逃避してしまっている状態です。治療者は何度となく避難を勧めましたが、母親は次男のことを気遣って、逃げるに逃げられない状態が続いていました。

しかし次男が大学進学を機に単身生活をはじめることが決まって、母親はやっと避難勧告に応じようという気持ちになってくれました。私はさっそく両親と会って、避難の計画を立てることにしました。父親の協力が得られるかどうかが心配されましたが、避難したい旨を話すと、喜んで協力してくれることになりました。

長男の暴力は、ほとんど毎日続いていましたが、かなり強弱の波がありました。つねったり小突いたりする程度の弱いものが何日か続くかと思えば、突発的に母親の首を絞めたり、背中を強く蹴ったりするような、激しい暴力が起こります。避難にはタイミングが重要ですから、まずそれを慎重にはかることにしました。

ある日、大きな爆発が起こりました。弟が家を出てから、母親は毎週日曜日、洗濯や食事の差し入れに弟のアパートを訪れていました。その日はたまたま帰宅が遅れて、長男は苛立っていたようでしたが、母親が帰宅するなりつかみかかり、頭を強く殴りつけました。相当ひどい殴りかただったため、母親は一時目の前が暗くなり、その場に倒れ込んでしまいました。

倒れた母親をみて、長男はあわてはじめました。日曜日で家にいた父親を呼び、「すぐ救急車を呼べ、息子に殴られたといって呼べ！」と怒鳴りつけました。父親はいわれるままに救急隊に連絡し、自分も行くという息子を強く制して留守番を頼み、近くの救急病院に母親を運びました。病院で診察を待つ間、父親は私と連絡を取り、私は電話で次のように指示しました。

「お母さんの容態がさほどではなくとも、是非入院させてもらいたいと頼んでみてください。それがダメなら、ともかく今夜だけでも泊まれる場所を確保してください。ご長男には早めに電話を入れて、しばらく入院することになると伝えてください。それから、くれぐれもお説教だけは、絶対にしないでください」

幸い、母親は軽い脳震盪《のうしんとう》と皮下出血程度で、入院の必要はないとの判断でした。父親はとりあえず近くのホテルに部屋を取り、そこから長男に電話を入れました。本人はひどく動揺しているようでした。

長男「俺のせいで母さんが死んだり、障害が残ったりするようなら、俺は自首して刑務所に入る！」

父親「母さんはそれほど悪くはないが、ともかくしばらく入院して、いろいろ検査することになりそうだ」

長男「じゃあ俺が母さんの付き添いをするから、病院を教えてくれ！」

父親「お前に殴られたことを先生に話したら、当分は面会させない方がいいといわれた。だから入院先は教えられない」

本人は、絶対にもうしないから教えてくれと懇願しましたが、父親は私の指示通り、頑として応じませんでした。

翌日、母親が家に電話を入れました。長男は昨晩は一睡もできなかったようでした。

長男「母さん、ごめんなさい。まだどっか痛む？　いつごろ帰って来れる？」

母親「怪我のほうは大したことないようだけど、いろいろ検査があるから、まだ帰れそうにないの。しばらくは父さんと二人でがんばってね」

長男「わかった。本当にごめんなさい。もう俺のこと嫌いになった？　もう見捨てる？」

母親「そんなはずないでしょう。でも先生の指示で、しばらくは面会もできないから、そのかわり電話は毎日するから」

長男はそれでも母親に許しを乞い続け、会いに行きたいと哀願し続けて、なかなか電話を切らせてくれません。母親はやむを得ず、話の途中で受話器を置いてしまいました。これも私が「電話は定期的に入れること、ただし必ず五分以内で切ること」と指示した通りでした。

母親は結局、しばらくは次男のアパートに同居することになりました。父親はそのまま自宅に戻り、長男と二人だけの生活がはじまりました。いざ二人だけになってみると、長男は意外なほど素直に家事もこなすようになり、暴力はすっかり鳴りをひそめてしまいました。母親は一日おきくらいに電話を入れ、長男もそれを待ちこがれているようでした。

そのような生活が二週間ほど続いた時点で、私は再び両親と会いました。ここまでの経過は、ほぼ私の予想どおりの展開だったので、私は次の指示を出すことにしました。

「そろそろ退院しないと不自然ですが、まだ家には戻れません。今戻れば、必ず暴力は再発します。お母さんがこんど電話する時は、次のように伝えてください。

『検査の結果、大きな異常はなかったので、退院することになった。でもお母さんは、今度の入院中にいろいろ考えた。実は専門家にも相談してみた。もうお母さんは暴力はこりごりだ。あなたが本当に暴力を振るわなくなるまで、お母さんは家に帰らないことにした。お父さんも賛成してくれた』

きっとご本人は怒るでしょうが、これは『相談』ではなくて『宣言』なのです。ご本人が泣こうがわめこうが、けっして譲らないでください。ここで折れたら、これまでの努力はぜんぶ水の泡です」

母親は同意し、さっそく次の電話で、私の指示通りのことを長男に伝えました。はじめ長男は「もう絶対に絶対に暴れないから戻ってきてほしい」と、何度も懇願しました。それでも母親の決意が変わらないとみるや、案の定怒りはじめました。

長男「お前は俺を見捨てるのか。俺をこんな風に育てた責任もとらずに逃げるってのか。弟ばかり可愛がりやがって。そんな卑怯者はもう帰ってくるな！」

母親「お母さんはあなたに十年間も叩かれながらお世話をしてきたから、もう償いは十分にしたよ。これからは貸し借りなしでいきます。しばらくは帰れそうにないけど、でもそこはお母さんの家でもあるから、気が向いたら帰るし、電話も入れるよ」

長男はそれでも、絶対帰ってくるな、もう二度と電話するな、といきり立っていましたが、母親はそれには取り合わず、電話を切りました。

その後も母親は定期的に電話を入れ続けました。はじめは電話を拒否していた長男も、数日後にはまた話すようになりました。本人の話題は相変わらずで、「帰ってきてほしい」と懇願するか、「もう帰ってくるな」と怒鳴るかのいずれかでした。面と向かうとすくんでしまって長男のいうがままだった母親も、電話ではほぼ理想的に対応してくれました。必ず定期的に電話を入れ、本人に何をいわれようと冷静に応じる。これをひたすら繰り返すことが、ここでの重要なポイントでした。

別居生活が二カ月ほど続いた頃、長男の態度も次第に鎮静化してきました。もうあまり怒鳴るようなこともなくなり、変わって皮肉や嫌みが増えてきました。「帰ってきてくれ」ともいわなくなり「逃げちゃった人は気楽でいいねえ」「あんたの家なんだから、帰りたければ好きにすれば」といった調子になってきました。そろそろ次の対応に移る時期です。私は母親に、時期をみはからって、ちょっと帰宅してみるようにと勧めました。

母親は最初、かなりためらっていました。無理もありません。十年ぶりに暴力のない平和な日々を味わってしまうと、もとの生活の異常さや恐怖が、いっそう強く感じられるものです。しかしこれは母親の救済であると同時に、長男の治療が最終目的なのです。私はかなり強硬に母親を説得して、やっと同意を取り付けました。

　家を出て二カ月とちょっと経ったある日、母親はいつものように長男に電話を入れ、ごく当たり前のように「明日用事があるから家に行く」と伝えました。長男は驚いたようでしたが、「わかった」といったんは答えました。しかし少し話すうちに、だんだん腹が立ってきたのか、「逃げ出したヤツが今更なんだ、帰ってくるなといったろう、家に来ても絶対に入れないから覚悟しておけ！」などといいはじめました。しかし母親はあくまでも冷静に「そういわずに、久しぶりに一緒にご飯でも食べましょう」と応ずるのみにとどめました。

　翌日、意を決して母親が家に帰ってみると、長男は出かけていていませんでした。母親を締め出すわけにもいかず、かといって顔を合わせるのもしゃくにさわるということでしょうか。母親は少し長男を待ってみましたが、夕方になっても戻らないので、あきらめて帰りました。しかし、何度かそういうやりとりを繰り返した後、長男はやっと母親を迎え入れる気持ちになったようでした。「父さんのつくる飯はもう飽きたから、たまには夕飯つくりに来て」という言葉が、そのサインでした。

　その日ようやく、三カ月ぶりに母親は長男に対面しました。本人は照れくさそうでしたが、あまり憎まれ口も利かず、母親のつくった夕飯をきれいに平らげると、そのまま自分の部屋に入ってしまいました。これを機会に、母親は頻繁に帰宅するようになりました。やがて私の指示を受けて、何日か泊まることも試みました。長男は時おり「逃げられるやつは気楽でいいよなあ、俺みたいなダメ人間には、逃げ場もないもんなあ」などと嫌みをいうことはありましたが、もう二度と暴力を振るうことはありませんでした。

暴力を鎮める基本方針

このケースでは結局、母親が完全に自宅に戻るまで、約五カ月ほどかかりました。戻ってから一年ほどすぎた現在でも、まったく暴力の再発はみられていません。時おり命令調になることはあっても、母親との関係は暴力がないぶん、非常に安定したものになりました。また何といっても特筆すべきは、父親との関係が劇的に改善したことです。それまでほとんど口も利かなかった父親と、しばしば二人でドライブに出かけるなど、良好な関係が続いています。本人は暴力を封じられて、さぞストレスがたまるかと思いきや、むしろ食欲が出たり外出が増えるなど、活動性も高まっているようです。暴力を拒否によって断念させたことは、結果としてきわめて有意義であったといえるでしょう。

これはさきほども述べたようにフィクションですが、細部は実例にもとづいています。また、特にうまくいった事例を取り上げたわけでもありません。私はすでに、家庭内暴力からの避難を一〇例ほど試み、すべて暴力の鎮静化に成功しています。要するに、基本方針をきちんとふまえて対応すれば、家庭内暴力を鎮めることは、比較的容易なことなのです。少なくとも、ひきこもり状態を改善するよりは、はるかに確実に結果を出すことができます。ここに挙げた事例で、やや理想化されている部分があるとすれば、両親の対応がほぼ私の指示通りなされている点くらいでしょうか。残念ながら、これほどスムーズに治療者の指示が理解され、実行されることはまれです。やはり長年続けてきた習慣をあらためるのは、きわめて困難なことなのでしょう。しかし、もし対応さえ十分になされるなら、本人はほぼここに書いたような経過で改善していくはずです。

ここでもう一度、避難のポイントを整理しておきます。

＊治療者と両親の間で、避難の方針と方法について十分に打ち合わせをする
＊大きな暴力をきっかけにして避難する（「入院」という口実は、必ずしも必要ない）
＊避難は必ず、暴力のあった当日のうちに完了する
＊当日中に、必ず親から本人に電話を入れる
＊電話では「これから定期的に連絡する、生活の心配はいらない、いずれは帰るがいつになるかは判らない、どこにいるかも教えられない、暴力が完全におさまるまでは帰らな

い」と伝える

＊この方針は本人の治療のために専門家と相談し、家族全員の同意を得て決めたことを伝える

＊その後は定期的に電話を入れ、必ず五分間だけ話す。時間が来たら途中でも切る

＊本人が落ちついたタイミングを見計らって、一時的な帰宅や外泊を繰り返す

＊外泊時の様子で、特に暴力もなく、また母親と穏やかに会話できる状態で安定したら、帰宅する

＊以上のことを、専門家との密接な連携のもとで行う

＊親の側は、暴力や脅しに屈せず、誠実で毅然とした態度でことに当たる

＊帰宅までに要する期間はさまざまであるが、軽いものであれば一カ月程度でも十分に有効であり、長くても半年ほどで帰宅できることが多い

「ひきこもり」についての本なのに、いささか家庭内暴力に比重をおきすぎたかもしれません。もちろんそれは、私なりの考えがあってのことです。さきにも述べたように、家庭内暴力を鎮静化するのは、それほど難しくないのです。それにもかかわらず、ひきこもり事例を抱える家族の半数近くが、ひきこもり状態の対応以前に、暴力への対処に頭を悩ませてい

る。私はそのような回り道をできるだけ短縮するためにも、できるだけ短期間で、確実に家庭内暴力を改善するための具体的方針を示したのです。暴力が鎮まってはじめて、本格的なひきこもりへの対応が可能になるからです。

6　治療そして社会復帰へ

治療開始の遅れ

ずっと適切な対応を続けているにもかかわらず、なかなか思うように改善しない場合もあります。また十分な社会復帰をめざすためには、家族の対応だけでは限界もあります。このため最初の段階から、まず家族だけでも専門の治療機関に相談することが必要です。私がここで治療機関と称しているのは、ほぼ精神科医によるものに限られています。それ以外の施設については、私自身の経験が不十分なので何ともいえません。ただし、臨床心理士による外来カウンセリングと心療内科医による治療については、「有効なものもありうる」という、やや控えめな評価になります。また、次の諸施設はあらかじめ有害なものとして除外されています。すなわち、医師の関与しない民間収容施設、催眠療法、自己啓発セミナー、新興宗教その他のあらゆる民間療法などです。

「ひきこもりシステム」のところでもふれたように、ひきこもりのケースでは治療相談の開始が遅れがちです。私たちの調査では、発症時年齢の平均が十五・五歳であるにもかかわらず、初診時平均年齢が十九・六歳でした。つまり発症してから治療機関を訪れるまでに、平均四・一年を経過していることになります。また発症時に学校などに所属のないものは二・五%に過ぎなかったのに、初診時点では既に四五・〇%のものが所属を失った状態にありました。なぜこのように治療導入に時間がかかるのでしょうか。

この理由としてまず考えられるのは、このような無気力・ひきこもり状態がなかなか事例化しにくいことです。統合失調症のように明らかな異常性を欠き、また本人の葛藤も正常な部分と病的な部分の境目があいまいであるため、すぐには治療意欲につながりにくい。したがって当初は、周囲もしばしば「怠け」として対応し、また精神科外来においてすら「精神病ではないからほっておくように」あるいは「怠けているだけだから少し力仕事でもさせてみたら」といった応対を受けているのが現状です。

さらにひきこもり事例では、本人が初診時から来院する事例はごく稀です。このため本人の治療意欲が出て来るのを待ちながら、まず家族だけでも定期的に相談に通うことが必要となります。しかし現行の保険診療体制では（治療導入に不可欠であるにもかかわらず）両親のみの相談を長く継続することが困難です。また中には、「本人が来なければ診療できない」と門前払いをくわせられる場合も少なくありません。こうした事情が、直接間接に病院の敷居を高いものにしています。したがって、まずなされなければならないのは、思春期の事例を多く扱っており、両親のみの相談にも便宜をはかってくれる地元の病院を探すことです。

精神科をどう選ぶか

精神科を選ぶ際には、いくつかのポイントがあります。

もっとも信頼できる治療機関は大学付属病院である、ということがよくいわれますが、これはあまり当てになりません。ひきこもり治療に関して、現時点ではほとんどの大学付属病院精神科は、第一選択ではないと考えていいでしょう。

高名な教授、助教授のもと、優秀な医師が結集している場所という大学病院のイメージは、必ずしも誤りではありません。しかし忘れてはならないのは、大学が研究・教育のための機関であるということです。大学病院は高度な専門施設という安心感がありますから、たいていひどく混み合っています。医師の側も押し寄せる患者を前にして、つい診療が簡略になったり、粗い診療になってしまいがちです。また診療にはしばしば、学生や研修医が実習の名目で立ち会うことがあり、とりわけ思春期の事例にはこれが負担となりやすい。もちろん見学を断ることもできますが、そこまではしない人が多いでしょう。

それでも大学の専門性には、それなりに利用価値があります。検査の設備や紹介の態勢はきちんとしているところが多いので、初期のチェックには有用です。もし本人の状態が、単純なひきこもり状態とはいい切れないと感ずるようなら、まず大学病院から相談してみるのも悪くはないでしょう。

大学病院以外の、一般の精神科を探すにはどうすればよいか。もっとも手っ取り早いのは、地元の保健所に相談してみることです。保健所にもよりますが、ひきこもり事例への対応に関心を示すところも増えてきているので、それに向いた診療所などを紹介してくれるかもしれません。

書籍で調べる方法もあります。図書館や書店には、こころに関する専門書があふれています。なかには治療機関のガイドブックもあります。私がもっとも重宝しているのは、全国精神障害者家族会連合会の資料（巻末参考文献参照）です。この本には全国の良心的な精神病院、診療所などが、かなり網羅的に紹介されています。資料で探す場合は、通院の便などからいくつかの治療機関をピックアップしておき、まず電話で問い合わせてみることです。そのさい「思春期事例は扱っているか」「当面は本人が行けないが、両親のみでも構わないか」という二点を確認しておきます。

個人的には、開設したての個人診療所やクリニックがお勧めです。このところ若手の精神科医が次々と開業しつつあります。彼らの多くは思春期の問題も敬遠せずに対応し、さまざまな新しい試みにも意欲的に取り組もうとしています。技術という点からも、サービスの面から考えても、良い治療関係を結ぶことが期待できるでしょう。

通院への導入

治療機関が決まったら、とりあえず両親だけの相談をしばらく続けながら、対応や環境の改善をはかることになります。これと並行して、徐々に本人の通院も促していくことになります。

まず折をみて本人に、両親が治療に定期的に通っていることを告げます。「あなたのことが心配だから、相談に通っている。担当医からは、できればあなたにも会いたいといわれている」というように、正攻法で淡々と伝えます。この時点ではまだ本人は受診に応じないことがほとんどなので、あまり深追いしないほうがよいでしょう。親が通院することすら「必要ない」と嫌がる場合もありますが、「心配だから親だけでも相談に通わせて欲しい」と説得すれば、だいたい受け入れられるようです。

その後は通院のたびに必ず、出がけにひと声本人に誘いをかけるようにします。前日までは通院の話はせず、当日の朝になってから誘うのです。ひきこもり事例の場合、日が変われば気が変わることが大変多い。また、誘ってから当日まで時間が空きすぎると、当日を待つことが微妙なプレッシャーになります。前日までは受診を納得していたのに、いざ当日になったら嫌だといい出すことも珍しくありません。これが繰り返されると、本人も家族も、次第に無気力になり、何か病院に行くことが越えがたい壁のように思われてきます。それを防ぐためにも、通院の誘いは当日の朝にするほうがよいのです。行きたがらない場合は無理に勧めず、親のみで相談に行き、帰宅してから診察の結果と次回の通院日を伝えます。通院日をカレンダーに記入しておくこともよい工夫です。

こうした働きかけを続けるうちに、次第に本人も関心を示すようになってきます。「今日は担当医は何といっていたか」などと聞いてくる場合もあります。ここまでくればしめたものので、後は時間の問題といってもよいでしょう。

重要なのは治療者との信頼関係

精神科ではどのような治療をするか。これについても、簡単に紹介しておきましょう。そうはいっても、社会的ひきこもりに対する「治療法」には、さして特別なものはありません。特別な収容施設や特殊な心理治療もとりたてて必要ありません。まして薬物だけで治るなどという問題でもありません。ここで薬物療法についてふれておくなら、ひきこもり状態そのものに有効な向精神薬は存在しないといってよいでしょう。数年前から欧米でベストセラーとなっている「プロザック」という抗うつ薬があります。副作用が格段に弱く使用しやすいことなどから、「生き方を積極的に変える薬」として非常に有名になりました。わが国でも輸入するなどして服用する人が増えているようです。私の経験した事例でも、プロザックを飲んだことのある人は何人かいましたが、ひきこもり状態にはまったくといってよいほど無効でした。むしろ攻撃的になったり暴力的になるなど、好ましくない影響のほうが印象に残りました。もちろん薬効の評価は、これから時間をかけてなされるべきですが、私はさして期待はしていません。実際にはひきこもり事例に対しては、少量の抗うつ薬や抗不安薬などを対症療法的に用いることがほとんどです。

ひきこもり事例の治療において、もっとも大きな意味を持つのは、治療者との深い信頼関係です。さきに紹介した医師のアンケートでも、「治療者との場の共有」にこそ意味があるとする回答が複数ありました。必要とされるのはここでも、本人に共感し、一定の信頼関係を結び、長期間「場の共有」を維持し続けるためのテクニックということになるでしょう。こうした何の変哲もない、精神療法のごく基本的な技術が、ひきこもりの治療ではもっとも重要なものとなります。私自身、みずからの治療場面を振り返って、ここで述べた以上の特殊なテクニックを必要とした記憶がありません。

そして治療者もまた、「待つこと」に耐えるべき立場にいます。ここでも焦らずに変化を待ち受ける能力こそが問われます。「時ぐすり」という言葉がありますが、結局時間をかけて地道な働きかけを続けていくことにまさる方法はないように思います。

社会復帰のルート

対応がある程度成功して、家庭内では十分くつろぎ、家族とのコミュニケーションも深まってきたら、さらに積極的な対応に進むことになります。これ以降、本人のさらなる「成熟」を促すうえでもっとも重要なのは、「家族以外の人間関係」です。その意味からも、家庭内で状態が安定したら、少しずつ活動を外向きにしていきたいものです。

ただし、初期のひきこもり事例や、対人困難感の比較的軽い事例などは、家庭での対応が適切になされるだけで、一人でさっさと社会復帰をはたす場合もあります。ここから先、対人関係をつくる能力の度合いによって、経過がかなり異なってきます。そして対人関係の能力だけは、まさに対人関係の中でしか獲得することができない能力でもあるのです。いかにして「生身の人間」に出会い、ふれあう経験を重ねていくか。これは時として、非常に困難な問題となります。

もちろん、探そうと思えばルートはいくらでもあります。まず一般的なところからみていきましょう。例えばごく軽いアルバイト、カルチャーセンター、パソコン・ワープロ教室、英会話学校、料理教室、ボランティア活動、自動車教習所などのように、実用的で本人に心理的な負担をあまり与えないような場所があります。どういった場所がよいか、本人と一緒に考えてみるのもよいでしょう。

もともと対人関係に相当の困難がある事例では、この段階が困難な壁になることが多いのです。家庭では安定していても、なかなか外に向けての一歩を踏み出せない状態が続いてしまう。さまざまなチャンスがうまく生かせず、ますます自信をなくしてひきこもりが深まってしまう。さきに紹介したような社会復帰ルートでさえ、彼らにはまだ敷居が高すぎるのです。私は場合によっては、保健所や精神保健センターで行われている、精神障害者のためのデイケア活動を紹介する場合もあります。また、デイケアとの関連でいえば、さまざまな作業所活動などの利用価値も高いものです。ただ残念なのは、多くのひきこもり事例がプライドからこうした場所の利用を拒否しがちであることです。それでも割り切って通えば、さまざまに有意義な成果が期待できるため、社会復帰ルートの有力な候補として念頭に置いて損はないでしょう。

こうした「社会復帰ルート」を考える上で、もう一つ重要であるのは、本人の自発性です。周囲の敷いたレールに沿って、計画通りきれいに復帰していくような事例は、むしろまれなのです。さまざまな提案がなされた後に、すべて拒否していた本人が、ひょっこり思いもかけない解決策を自力で発見することがあります。実はこの場合が、もっともうまくいくようなのです。ある印象的な事例では、何カ月かのひきこもりののち、地元の釣り堀に日参するようになりました。そこには釣り好きの人たちの一種のサークルが自然発生的にでき上がっていて、本人はそこで、すっかり馴染みの客になってしまいました。私もそのような出会いはまったく予測していなかったので、これは嬉しい驚きでした。このように実際のところ、本人が自発的に発見したルートにまさるものはないのです。ただ、このようなことが可能であるのは、比較的軽症で、治療意欲もあるような事例に限られますが。

意義ある「たまり場」の試み

さきにデイケアについて簡単に紹介しました。しかしひきこもり事例の場合は、ほぼ問題が対人関係にのみ限定されており、生活能力やさまざまな技能についてはまったく「健常」であるわけです。こうしたケースに精神障害者向けのコースを選択させるのは、さまざまな困難が伴うため、一般化しにくい。ひきこもり事例が対人関係の技術を獲得するために、治療の一環として利用できるような施設なりルートなりが、今後整備される必要があるでしょう。

私の在籍する「青少年健康センター」では、このような対人関係のための一種の「たまり場」として、Ｍクラブという場所を有料で提供しています。私はこのクラブのスタッフと連携しつつ、これまで数十例にも及ぶひきこもり事例を依頼してきました。

週に二回、二時間ずつの活動ですが、これまでにあげた成果には目覚ましいものがあります。対人困難感、対人恐怖感が非常に強かった人が、私の促しでこのクラブ活動に参加し、生まれて初めて親密な友人をつくり、女の子との会話を体験し、一人ではけっして得られなかったであろう自信を回復していきます。このような体験は、ひきこもり当事者にとって、本当に宝石のようなものだと思います。もちろんこうしたクラブについても、まずそこを自発的に利用してみる気になるまで、何年もかかってしまう場合もあります。また利用しはじめても、なかなか馴染めず、脱落してしまう事例もないではありません。しかし条件がそろって適切な利用がなされれば、ある意味でこうした場所は、後述する入院治療などよりも有意義なものでありえます。

ある慢性的なひきこもり事例は、クラブへ行くよう勧めはじめて二年目に、やっと通い出したのですが、そこで何人かの親しい友人ができたことをきっかけに、非常に活動的になりました。いくつかのアルバイトを経験した後、現在は定時制高校に通っています。このほかにも、現在もクラブを利用しながらボランティア活動をはじめた事例、ほとんど準社員のような待遇でアルバイトを続けている事例など、かなりの数の成功例が、このクラブから生まれています。

こうした「たまり場」が有意義であるための条件として、私は以下のようなものを考えています。

＊専属のスタッフが数人以上かかわり、「場」の調整とメンバー同士の関係を積極的に調整すること

＊「なんでもあり」の場ではなく、ある程度活動のメニューがスタッフによって定められること（あえてメンバー主導にしない。これは「自主性の強要」を排して参加を容易にするため）

＊「活性化」や「能力の向上」をじかにめざすのではなく、「親密さの醸成」を重視する

＊メンバーは「社会的ひきこもり」事例にほぼ限定する。逆にいえば、非行事例、境界例、その他の行動化が起こりやすい事例の受け入れは慎重にする

＊問題行動の多い事例は参加を制限されるか、場合によっては除名されるような罰則規定を設け、場の心理的な安全保証感を高める

＊参加希望事者は、必ず担当医を通じて紹介してもらい、紹介状を審査会で検討して受け入れを決定する（つまり、精神科の治療と必ず同時進行での利用を条件とする）

*「場」はきっかけであり、その外に関係性と活動性が広がる方向性を尊重する

*オプションとして勉強会やクラブ内クラブ活動など、目的を絞り込んだ場を設定しておく

*保護者の参加できる場、例えば家族会に準ずるような形で保護者間の交流の場を設ける

*その場で活動するよりは、むしろ映画鑑賞やボウリングなど、対外的な活動も積極的にとり込む

*活動の維持のためには有料であることは避けられないが、参加の妨げにならない程度の額に設定する

これらは実のところ、Mクラブを利用する中で、私が高く評価している長所をまとめただけのものです。もちろん中には願望を込め、やや理想化して書いた部分もありますが、ほとんど実現化されているものばかりといっても過言ではありません。こうした活動を一つのモデルとして、同様の場所が各地に設けられれば、ひきこもり問題への対策もずっと容易になるでしょう。

パソコン通信・インターネットの可能性

近年の技術的進歩、とりわけパソコンの分野はいまだに日進月歩で次々と新技術が開発されていますが、特筆すべきは、さまざまな通信の方法が簡単に利用できるようになったことです。

とりわけ電子メールという、新しいかたちのコミュニケーションは、やりとりの幅を格段に広げるものです。社会的ひきこもりの人たちにとって、パソコンのこうした利用は、それなりに有益であると私は考えています。

私は現在、パソコン通信とインターネットの二つを利用しながら、自分の担当する患者さんとやりとりをしています。ただし、治療のために使っているのではなくて、基本的には世間話をする場所として使用しています。また、複数の患者さんとネットワークを作り、やりとりの場を広げる試みもしています。このネットワークを使えば、同じメッセージがメンバー全員に配信されるので、同時に複数の人と意見交換ができます。こうしたネットワークをはじめて二年ほどになりますが、それが一つのきっかけとなって、コンピューター言語の勉強をはじめたり、ほかのメーリングリスト（さきの「ネットワーク」の大規模なもの）に参加して、オフ会（オフライン・ミーティング：通信を通じて知り合った人たちが実際に顔を合わせる集まり）に参加したりといった活動につなげたメンバーもいます。

私はパソコンという道具は、とりわけ社会的ひきこもり状態の人にとっては、非常に大きな意義を持つと思います。これは通信やインターネットの利用に限ったことではありません。パソコンを使えるようになるというだけで、さまざまな可能性が広がります。就労に役立つという点もあるでしょうが、パソコンを通じて、他人と話題が共有できるということも大きいでしょう。とりわけ家族間のコミュニケーションを回復するうえで、パソコンの持つ意味は大きいものです。本人がさきに上達した場合は、両親が本人に教わりながら学ぶことも可能になります。ひそかに「家族のために役立ちたい」と切望している彼らにとって、みずからの技術を生かして両親の役に立てるなど、願ってもないことでしょう。あるいはまた、メールを使いこなせるようになれば、例えば父親が単身赴任中であっても、頻繁にやりとりが可能になります。いや、同居している場合ですら、直接口ではいえないことを、メールで伝えるということも有意義かもしれません。

パソコンへの没頭でひきこもりが悪化するのではないかという心配も、よく聞かれます。しかし、さきに挙げた例のように、対人関係が充実することはあっても、ひきこもりが悪化することはほとんどありません。はた目にはパソコンへの没頭が逃避にみえるにしても、本人がそれを通じて他人とつながっているとしたら、パソコンもまた社会との接点を回復するための窓口として、十分に役立っているのです。

入院治療・ハウス治療など

外来治療だけではなかなか進展しない場合は、本人が希望した場合に限り、入院治療も有効です。ただし一般的な意味での「精神科病院」は、あまりお勧めできません。入院治療の主要な目的は、あくまでも対人関係の経験ですから、重症者の多い病棟では、あまり意味がない。開放的で比較的若い患者の多い、できれば異性の患者とも交流ができるような病棟が望ましいのです。

稲村氏によって提唱された宿泊療法は、現在のところ他にあまり類例のない治療技法ですが、ひきこもり事例の治療においてはきわめて有意義なものです。これは一般民家を利用してスタッフ数名と寮生一〇名前後が共同で生活するもので、さまざまな活動や日々の生活指導を通じてひきこもり状態の改善を促します。とくに対人困難などが著しい事例では、同世代の人間との濃密な共同生活を通じて、予想外の変化がもたらされることがあります。その治療効果についてはまだ十分に定式化されていませんが、さきに紹介した「たまり場」と同様に、今後の発展を期待したいところです。

家族会についても、ちょっとふれておきましょう。ひきこもり事例を抱える親は、日々孤独な戦いを続けています。こうした孤独が、時として孤立無援感や焦燥感につながり、「ひきこもりシステム」の悪循環を強化してしまいます。私は他の精神障害と同様に、ひきこもり事例の家族も家族会を通じて連帯することが望ましいと考えています。同じような子どもを持つ家族と連帯することが、長期戦でも心理的な安定を維持しやすくするからです。ただし問題なのは、ここでも治療環境の立ち後れです。このような家族会は、非常に少なく、小規模です。私自身も現在、毎月一回の「実践的ひきこもり講座」を担当していますが、いつもだいたい五〇人ほどの家族が集まります。私はこの場に、徐々に家族会としての意味を持たせていきたいと考えています。

「三十歳」という節目

対応が十分にうまくいって、私のいう最終段階までは達成できたのに、その先へ進まない。本人も治療に通っているし、家族間の対話はスムーズにいっているのに、これ以上どうすればいいか判らない。時折、このような相談も受けることがあります。

まず第一にいえることは、そのような事例は本当に例外的である、ということです。私の知る限り、対応の最終段階までが十分に達成されて、それでもなお同じようにひきこもりが続いている場合は、コミュニケーション回路のどこかに問題があると考えたほうがよいようです。行き詰まりを嘆く前にもう一度、専門家とともに現段階でのコミュニケーションが十分なものになっているかどうか、丹念に問い直してみる必要があります。そして本当にそうした問題がないにもかかわらず、なかなか改善しない場合にはどうすればよいか。ここでは、それを取り上げたいと思います。

私はひきこもり状態が十年以上続いていたり、あるいは年齢がもう四十歳近くなっていたりする場合などは、冷静に次のステップについて考えはじめるべきであると考えています。残念なことですが、そうした事例は、これから少しずつ増えていかざるをえないでしょう。両親が定年になり、あるいは病気になるなどすると、治療努力をたゆみなく続けることは次第に無理になっていきます。私はそうした場合、とりわけ経済的な状況に関して、現実的な見通しを早くから立てておくべきであると考えます。

具体的には、本人が三十歳になる時点を一つの節目と考えて、長期的将来に向けての対策を本人も交えて話し合うことです。話し合いは、かなり深刻なものになるかもしれません。しかし、こうした「節目」を曖昧にやりすごしながら、さらに事態の深刻化を待つことのほうがましであると、いったい誰にいえるでしょうか。私は、ひきこもり問題がしばしば語られにくい理由の一つがここにあると考えています。こうした「節目」の決定について責任のある回答を提示する勇気を、これまで多くの専門家は持ちえませんでした。したがって私の提案は、実用性を期待すると同時に、専門的な論議を挑発するためのものでもあります。

「見通し」の共有

私は、この節目で話し合われるべきこととして、(1)治療の見通し、(2)経済的見通し、(3)社会参加の見通し、の三点を取り上げるべきであると考えています。

(1)治療の見通しについては、とりあえず、現在の治療方針の見直しと、家族がいつまでも治療に参加できないこと、また(2)の経済的見通しにも関連しますが、通院医療費の公費負担制度や、障害者手帳を交付してもらうべきこと、などを取り上げます。

私はここで、あえて「障害」という言葉をもちいました。これはもちろん、長くひきこもりの状態に苦しんできた人を、おとしめる意図からではありません。ただ私は、十年近くもひきこもり状態が続いている人たちに「あなたは病気じゃないから大丈夫」などと、気楽に請け合うことができません。ひきこもり状態が長期化し、こじれつつある場合に、病気かそうでないかはほとんど問題ではないのです。むしろこういう状況は、ある意味で単純な病気以上に問題の根が深い。また本人も、自分の状態が一種のハンディを背負った状態であるという自覚に立って、なんらかの軌道修正を迫られます。この点に眼をつぶりながら、それでも「大丈夫」といい続けることは、少なくとも私は臨床家としてできません。専門家として見通しがはっきり立っているなら、それを患者に告げるべきであると私は考えています。ここで見通しというのはすなわち、これまで通りの対応では、これ以上の改善は望めない、という場合を指しています。この「現実的」認識を、本人、家族がともに共有することで、次のステップに進むことが可能になります。

家庭の経済状況を説明する

長期化とともに、両親は定年となって年金生活に入ります。さらに長期化すれば、本人よりも両親が先に亡くなるであろうこともまた、動かしがたい現実です。「節目」を迎えたら、こうした現実にも積極的に眼を向けるべきなのです。家族の経済状況と今後の見通しについて、つつみかくさず本人に伝えること。それは本人の将来を気遣い、いたわりの気持ちをこめて「遺言」を託すような行為になるでしょう。

まず本人に対して、家庭の資産や借金を含む経済状況を、できるだけ詳細に説明します。定年後、それがどのように変化するか、それについても具体的にふれておきます。万が一両親が亡くなるようなことがあった場合についても同様です。昨今、生前の早い時期に遺言を作成することが奨励されますが、私はそれが治療的な意義を持ちうると考えているのです。

もちろん抵抗も予想されます。資産のある家族は、本人が資産にゆとりがあることを知って、いっそう遊んで暮らそうと割り切るのではないか不安になるでしょう。逆に経済的余裕がない家族は、本人をいたずらに不安に陥れるだけではないかと心配するでしょう。もっともな心配ですが、私の経験では、そのような事態はまず起こりません。

不安をあおるのは、具体性の欠けた脅しの場合だけです。「親はいつまでも生きてはいないよ」「うちはもう、余分なお金はぜんぜんないよ」といった曖昧な脅し文句は、ただ有害なだけです。冷静かつ誠実になされる具体的・現実的な話し合いは、むしろ「家族の一員として信頼されている」という安堵感すら与えるでしょう。

私の経験した事例でも、父親が病気で倒れるなどして、経済的危機感を持ったことをきっかけに、長年のひきこもりから抜け出してアルバイトをはじめた青年がいます。どうせ危機感を持ってもらうなら、現実的かつ具体的に、事実や数字で示されるべきなのです。そうではない形で危機感を煽ることは、たんなる脅迫、恫喝《どうかつ》に等しい行為といえるでしょう。この二つは、似ているようで、まったく違います。

スタートラインを引き直す

両親が定年後、年金生活に入り、経済的な見通しが持ちにくい場合は、どのような選択肢があるでしょうか。私はこの場合、本人が働けないままなら世帯分離して、生活保護の受給も考慮することにしています。あるいは精神症状をともなう事例の場合、障害者年金の受給を勧める場合もあります。

障害者年金の受給を受け入れることにも、治療的な意義があります。みずからの状態がすでにハンディを負っているということを、正確に認識する助けになるからです。もちろんほとんどの当事者は、生活保護や年金の受給などとんでもない、と反発します。ときには治療者への不信感をあらわにされる場合もあります。しかし私は、こうしたリアルな話題をあえて取り上げること自体が、長期的には本人の立ち直りを支えていくと信じています。これまでに年金受給を勧めた事例はすべて、最終的には私の提案を受け入れ、いっそう安定した精神状態に至っているからです。

話し合いがここまで進むと、すでに話題は⑶社会参加にも一部関連してきます。つまり、この段階で社会参加のルートも見直してみるということです。みずからの状態が、少なくとも社会適応という点からは、一般の精神障害者となんら変わらないという現実を受け入れること。それはたいへん勇気のいることですが、いったん受け入れさえすれば、よい意味で「居直る」ことも可能になります。この時点で、保健所や精神保健センターのデイケア、作業所などといった、精神障害者向けのリハビリ施設の利用も考えることになります。実際に作業所から入り直し、そこでリーダーシップをとりつつ勤務を続けられるようになった事例を、私も何例か経験しました。

こうしたことは必ずしも「あきらめ」を意味しません。むしろ制約を受け入れることで、新たな可能性が開かれることを十分に期待できる。そのような確信と経験にもとづいて、私はあえて、このように過激にもみえる提案をしているのです。

7 「ひきこもり」と社会病理

青少年は本当に無気力化したか

スチューデント・アパシーが日本で注目されるようになったのは、一九七〇年代以降のことになります。当時は「三無主義」「シラケ世代」といった言葉で、青少年の無気力化が指摘されはじめていました。スチューデント・アパシーもまた、こうした時代背景との関連において、語られることが多かったようです。

青少年の無気力化は、それ以後、変化したでしょうか。私はそのようには感じません。それでは、青少年は、いまもって無気力なままなのでしょうか？　それとも「青少年の無気力化」という現象は、実は幻だったのでしょうか？

七〇年代に少年期を送った私のような人間にとっては、「青少年の無気力化」というものが、世代間の価値観の葛藤以上にはみえません。たしかに私たちは、政治や社会参加といった大義に燃えて行動することはなかったかもしれません。しかしどの世代も、前の世代からみればせいぜい「副業」にしかみえないものに、ひどく熱中したり打ち込んだりするものではないでしょうか。「全共闘」よりも「おたく」が無気力であるとは、けっしていえません。ある世代がまるごと無気力化するといった現象が可能になるのは、「世代論」という内輪話の中だけではないかと、私は疑っています。

スチューデント・アパシーの増加に関していえば、戦後、大学への進学率がいちじるしく高まったことにも一因があると思います。学生の数が増えれば、ドロップアウトするものも増加するという、そっけない見方も十分に可能でしょう。ここではよくいわれるような「価値観の多様化・相対化」とは逆の要因すら考えられます。誰しもが大学に入学する時代には、大学に入ることが、何か当然のような価値観として共有されてしまいます。これはむしろ、価値観の均一化につながるものでしょう。のみならず、受験につぐ受験という関門をくぐることが、社会参加の暫定的免除ということのほかには、何の特権も保証してくれないという現実があります。このような過程において、一度たりとも「無気力」に陥らずに過ごすことは、ひどく困難なことではないでしょうか。

また、社会的ひきこもり事例の経験からいいうることとして、「学校」と「社会」との間で、適応の基準がかなり異なっているという事実があります。大学卒業までは何ら問題なく経過した人が、就労の段階でつまずくことが、いかに多いことか。また、さきにも指摘しましたが、私の経験した社会的ひきこもりの事例中、まとまった期間の就労経験のあるものは皆無でした。この事実は、学歴については中卒から一流大学卒まで、実に幅があることと対比して考える時、学校と社会との価値基準のずれが、きわめて深刻なものであることを示唆しています。それは単に、学校で学んだことが社会では役に立たないとか、そのような意味だけではありません。端的にいって、この二つの社会において、対人関係のありようがかなり異なっている、ということです。

その違いとは、一言でいうなら「役割意識の違い」ということになります。「社会人」には、自らのさまざまな可能性を断念して、組織内で期待される一定の役割を引き受けることが義務づけられます。この「断念し、引き受けること」こそが、わが国の教育システムにおいてはけっして学習できない行為なのです。

「去勢を否認させる」教育システム

社会的ひきこもりが、思春期の病理であるということ。それは、とりもなおさず、この問題が現代の教育システムの問題と、深く関連していることを意味しています。たしかにそこには、さまざまな社会病理的なものが反映しているかもしれません。しかし、子どもにとっての社会が、まず家庭であり学校である以上は、「教育システム」のあり方それ自体を問題にしないわけにはいきません。

端的にいって、現在の教育システムは、「去勢を否認させる」方向に作用します。

どういうことでしょうか。まず「去勢」について簡単に説明しておきます。去勢とはご存じのように、ペニスを取り除くことです。精神分析では、この「去勢」が、非常に重要な概念として扱われます。なぜでしょうか。「去勢」は、男女を問わず、すべての人間の成長に関わることだからです。精神分析において「ペニス」は、「万能であること」の象徴とされます。しかし子どもは、成長とともに、さまざまな他人との関わりを通じて、「自分が万能ではないこと」を受け入れなければなりません。この「万能であることをあきらめる」ということを、精神分析家は「去勢」と呼ぶのです。

人間は自分が万能ではないことを知ることによって、はじめて他人と関わる必要が生まれてきます。さまざまな能力に恵まれたエリートと呼ばれる人たちが、しばしば社会性に欠けていることが多いことも、この「去勢」の重要性を、逆説的に示しています。つまり人間は、象徴的な意味で「去勢」されなければ、社会のシステムに参加することができないのです。これは民族性や文化に左右されない、人間社会に共通の掟といってよいでしょう。成長や成熟は、断念と喪失の積み重ねにほかなりません。成長の痛みは去勢の痛みですが、難しいのは、去勢がまさに、他人から強制されなければならないということです。みずから望んで去勢されることは、できないのです。

このように「去勢」を理解したうえで、学校がどのような場所であるかを考えてみましょう。そこには、明らかに二面性があります。「平等」「多数決」「個性」が重視される「均質化」の局面と、「内申書」と「偏差値」が重視される「差異化」の局面です。子どもはあらゆる意味で集団として均質化され、その均質性を前提として、差異化がなされます。均質であることを前提とした差異化は、嫉妬やいじめの温床となりますが、それはまた別の話です。さらにまた教育システム全体が、「その中にいれば社会参加が猶予されるもの」あるいは「自己決定を遅らせるためのモラトリアム装置」として作用している点も重要です。学校は、このような保護を与えることとひきかえに、学校独自の価値観を強要してきます。

まず問題とされるべきは、子どもたちが学校において「誰もが無限の可能性を秘めている」という幻想を強要されることとです。これが問題となるのは、すでに去勢の過程を済ませつつある子どもたちにとって、このような幻想が、あたかも「誘惑」として強いられることです。つまりこれが、去勢否認の強制です。

ここで私は、かつての日教組に代表される「戦後民主主義」的なものの批判をしようとしているようにみえるかもしれません。ただし、そのような批判をする前に確認しておくべきことがあります。そのような教育システムを求めてやまなかったのが、当の私たち自身であったという、やりきれない事実です。

性差が意味すること

この「去勢否認の誘惑」が問題化するのは、例えば社会的ひきこもり事例の性差という点においてです。これまで繰り返し指摘してきたように、社会的ひきこもりの事例は、圧倒的に男性に多い。さきに紹介した私の調査でも、事例の八〇％が男性でした。スチューデント・アパシーについても、ほぼ定説として、男子学生に特有の問題とされてきました。これはなぜでしょうか。

その理由としてまず、現代日本の社会状況において、一般に男性に対する期待度が女性に比べて高いことが挙げられます。男性の場合、青年期までには就業、就学などなんらかの社会活動に関わっていなければ社会的に非難されやすい。一方、女性の場合はいわゆる「家事手伝い」といった形で、かならずしも社会参加をせずに、自宅での生活を続けることが部分的には可能です。また結婚後は家庭の主婦としての役割が、一般には期待されがちでもあります。したがって女性の場合は、ひきこもり状態がそれほど問題視されにくく、その分周囲からの期待によるストレスも少ないといえます。このような旧来の社会的役割分担の構造は、近年急速に変化しつつありますが、それでもいまだ根強く残っています。

これをいい換えると、わが国において、とくに女性に関しては、社会システム全体が「去勢」を成功させるように働くので、女性のほうが速やかに成熟しやすいのかもしれません。女性は人生の早期から、「女の子」として扱われることを通じて「あきらめ」を受容させられるのです。このため思春期においては、同年齢なら、たいがい女子のほうが大人びていますし、そうでなくとも女性の打算やリアリズムには、男性は到底、太刀打ちできません。ですから教育システムにおける去勢否認の強制も、「あきらめ」を知った女性に対しては、それほど強く作用しないのです。

受け入れても拒んでも結果は同じ

教育システムによって押しつけられる「去勢否認の強制」が何をもたらすか。このシステムがやっかいであるのは、システムに従順であっても、システムに真っ向から反対しても、それが同じ結果をもたらすという点です。どういうことでしょうか。つまり、いずれの態度を貫いても、社会的には未成熟な人間になってしまうということです。

例えば「私に甘えなさい」と誘惑する母親は、まさに「去勢否認」を強制していることになります。その強制を受け入れて甘えたとしても、強制に逆らって母親を拒んだとしても、いずれの態度もつまるところ、母親への依存を前提とせざるをえません。つまり「去勢否認」の誘惑は、それを受け入れても拒んでも、その誘惑へと引き寄せられてしまうしくみになっているのです。あえていいますが、典型的な偏差値エリートと、一部の「登校拒否」児たちは、不適応のあり方において共通しています。その共通点とは「価値観の狭さ」と「自己中心性」です。ここで私は、彼らを非難しようというのではありません。彼らが彼らなりに懸命に行動した結果が似通ってしまうという悲劇を通じて、現在の教育システムのありかたに疑問を呈しているのです。

ひきこもる若者たちの多くは、かつて学校で強要された「平等幻想」を呪詛してやみません。ここに彼らの「去勢否認への抵抗」の痕跡を認めることは、さほど難しくないでしょう。ひきこもる若者たちこそは、まさに強制された「去勢否認」の犠牲者として、終わらない思春期に呪縛されているのではないか。私にはそのように思えてなりません。

ここで「ひきこもり」の側から社会をみるなら、私は（「この国」ならぬ）この時代においてはいまだ「自由」が正しく認識されていないのではないか、という実感を持っています。ひきこもり状態とは、一切の社会的束縛を免れているという点からみて、きわめて自由な立場とみることもできます。しかるに、もっとも自由な立場の人間が、もっとも不自由な状況に甘んじている。私はこの一点に、いまだ本来的な意味での「自由」を享受し損ねている、この時代の病理を感じます。「自由であること」それ自体が葛藤の原因となるような時代を、「思春期の時代」とかりに呼びうるなら、「社会的ひきこもり」とはまさに、そのような時代を象徴するような病理ではないでしょうか。

おわりに

現時点では、増加し続ける社会的ひきこもりの問題に対して、政策として有効なものが、まったくあらわれていないようです。しかし、治療的な対応策すら不十分な現状で、「自然治癒」がほとんど起こらないこういった事例が、今後ますます増加し続けるであろうことは明らかです。「ひきこもりシステム」という発想は、この問題が、事例個人に対する対策だけでも、家族に対する対策だけでも足りず、全体的な政策としての対策を要請するためのものでもあります。

厚生省は一九九一年度から「ひきこもり・不登校児童福祉対策モデル事業」をはじめています。しかし驚くべきことに、この事業は十八歳以上を対象外としているのです。これでは「社会的ひきこもり」事例のおよそ九割以上を除外することになり、対策の意味をなしません。児童相談、教育相談の窓口も、十八歳以上は受け付けなくなります。また本来の主たる受け皿であるべき医療機関の貧しい現状は、これまで何度か指摘してきた通りです。

本書をしめくくるにあたって、私はやや大きな視野から、このような現状に対しての提言を行いたいと考えています。

まず必要であるのは、社会全体に対する「社会的ひきこもり」という現象の啓蒙活動です。人によっては、まったく縁のないこうした事例が、すでに社会現象といいうる規模で発生しつつあること。私はそれを広く知らしめるためには、やはり定義をしっかりすべきであると考えます。こうした判定のガイドラインを十分に策定することで、対策の枠組みを作りやすくなるでしょう。

また、こうした啓蒙活動は、精神医学の内部でもなされる必要があります。社会的ひきこもりの問題は、明らかに、精神科医が扱うべき問題です。この「扱うべき問題」が、「否応なしに扱わざるをえない問題」へと変わるのは、もはや時間の問題でしょう。ただし、ここに問題があります。わが国の精神科医にもっとも大きな影響力を持つ、日本精神神経学会が、「ひきこもり」の問題については、きわめて消極的であるという事実です。私自身、この学会で、二度にわたりひきこもり問題に関する発表を行いましたが、一度目は「ひきこもり問題は存在しない」という反応を受けました。そして、二度目の発表は、ほぼ完全に黙殺されました。私の力不足といわれればそれまでですが、しかしアンケート調査の結果にも示したように、この問題はいまだ精神医学の問題としては認知されていないようなのです。精神分析的な言い方をするなら、多くの精神科医が「否認」したがっているもの、それが「ひきこもり問題」ではないでしょうか。

しかし私は、まだあきらめてはいません。論文を含むさまざまなかたちで、私自身が啓蒙活動を続けていくことができるでしょう。またインターネットを利用して他の治療者との連帯を強化し、情報を共有し知見を集中させられるようなネットワーク的展開を考えています。いずれにしても、まず私たち臨床家が、この問題を正確に認識しつつ手を組むことが最優先課題です。このネットワークが充実すれば、相談窓口の少ない地方の家族にも、希望をもたらすことが可能になります。

あるいは私は、家族相談、家族指導という機能については、例えば保健所などがそうした窓口にならないものか、とも考えます。本書で述べてきたように、ひきこもり事例への初期対応は、それほど高度の専門性や、臨機応変さを必要としません。その意味では、ごく基礎的な常識を家族に伝え、それを家族が実行するだけで救われる事例がどんなに多いことか、と考えてしまいます。

ついで重要となってくるのは、家族会と「たまり場」です。現在、私自身も啓蒙活動と相談を兼ねた一種の家族会を運営しています。私がいうように、もし「家族のひきこもり」が問題であるのなら、まず同じ問題を共有する家族が連帯する必要があります。しかし残念ながら、こと社会的ひきこもりの事例に関しては、ここでも受け皿がありません。ほかの精神障害や、不登校に関してなら、ずいぶん増えてきているのですが。しかし、あきらめるには及びません。少ないながらも、そうした家族会は徐々に形成されつつあります。また、現時点では、ほかの精神疾患の家族会に入会されるという方法もとりうるでしょう。とくに、統合失調症の患者さんの家族会や、薬物依存の家族を持つ人のための家族会などは、対象は異なりますが、事情を理解してもらった上で参加できれば、非常に参考になると思います。

ひきこもっている本人の受け皿も、もちろん整備していく必要があります。私はさきに紹介したMクラブのような「たまり場」が、各地にこれから増えていくことを期待しています。このほか青少年健康センターでは、ビル清掃のアルバイトを斡旋しています。なかなか好評のようで、事実、これがはじまってから、はじめて就労に成功する事例が多数ありました。雇用主にある程度の事情を説明して、欠勤や遅刻を少々大目にみてもらっているだけなのですが、それだけでも随分、敷居が低くなったようです。このように、理解のある雇用主によって就労環境が整備されれば、新たな可能性が広がるでしょう。

また、中には、どうしても家から出かけられないという段階にとどまっている人もいるでしょう。そういう人のためには、パソコンを利用した就労環境の整備がなされるべきでしょう。すでにインターネットを介して、在宅勤務をしている人の数は増加しつつあります。たとえパソコンを介してであっても、他人と繋がることはきわめて有意義であることは、別の章で述べました。同様に、パソコンを介してであるにせよ、就労し、報酬をもらうことは、その先の展開へと必ずつながるはずなのです。

そして、私たち自身に今からでもできることは、増加しつつある「社会的ひきこもり」という現実を、目前の事実として受け入れることにほかなりません。その存在を性急な批判によって「否認」するのではなく、まず正確に認識し理解すること。まさにこうした「理解」の普及それ自体が、膠着した「ひきこもりシステム」の解除を促進し、あらたな事例の増加を予防しうると私は信じています。

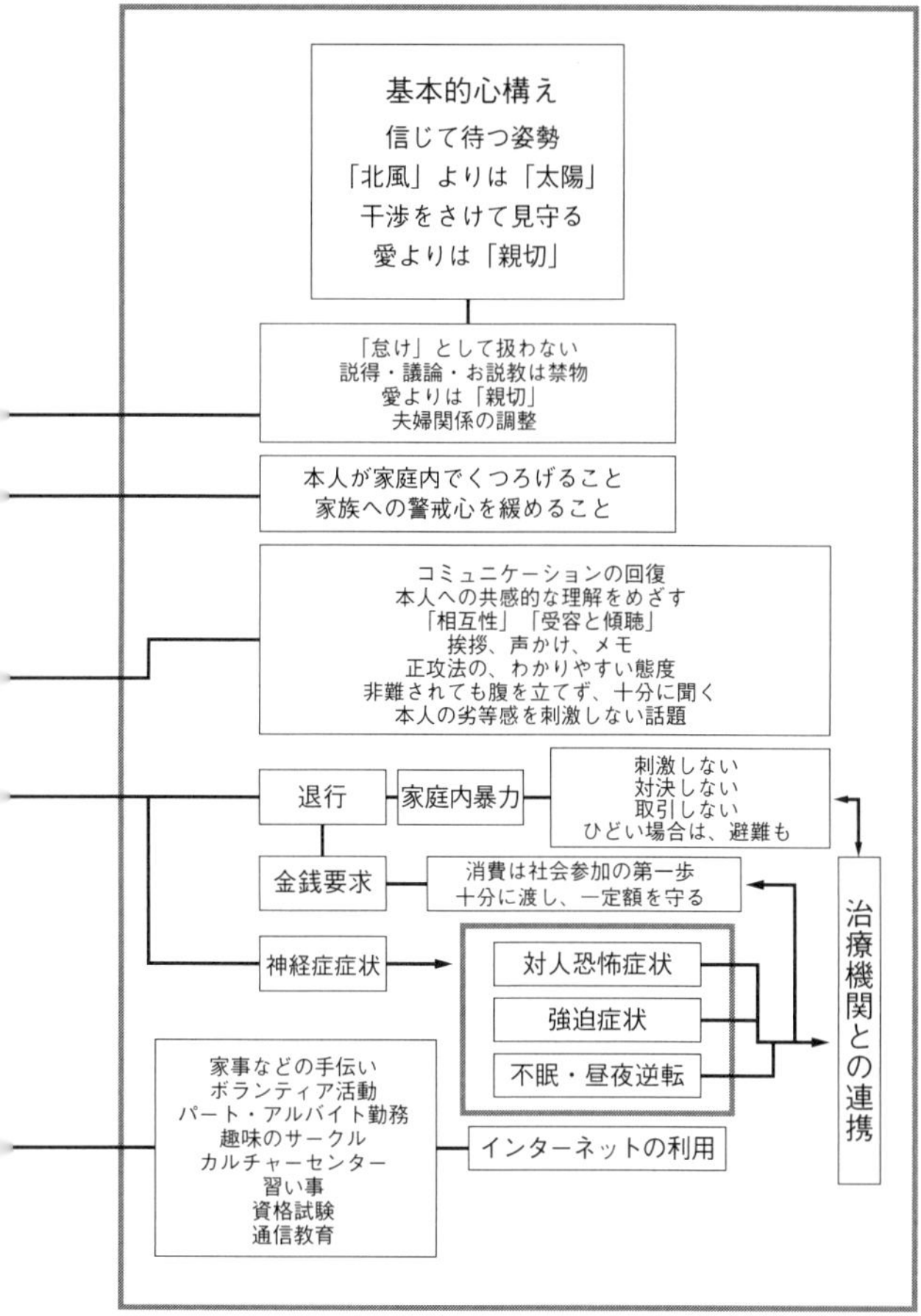
基本的心構え
信じて待つ姿勢
「北風」よりは「太陽」
干渉をさけて見守る
愛よりは「親切」
「怠け」として扱わない
説得・議論・お説教は禁物
愛よりは「親切」
夫婦関係の調整
本人が家庭内でくつろげること
家族への警戒心を緩めること
コミュニケーションの回復
本人への共感的な理解をめざす
「相互性」「受容と傾聴」
挨拶、声かけ、メモ
正攻法の、わかりやすい態度
非難されても腹を立てず、十分に聞く
本人の劣等感を刺激しない話題
退行
家庭内暴力
刺激しない
対決しない
取引しない
ひどい場合は、避難も
金銭要求
消費は社会参加の第一歩
十分に渡し、一定額を守る
神経症症状
対人恐怖症状
強迫症状
不眠・昼夜逆転
治療機関との連携
家事などの手伝い
ボランティア活動
パート・アルバイト勤務
趣味のサークル
カルチャーセンター
習い事
資格試験
通信教育
インターネットの利用

ひきこもり対応フローチャート

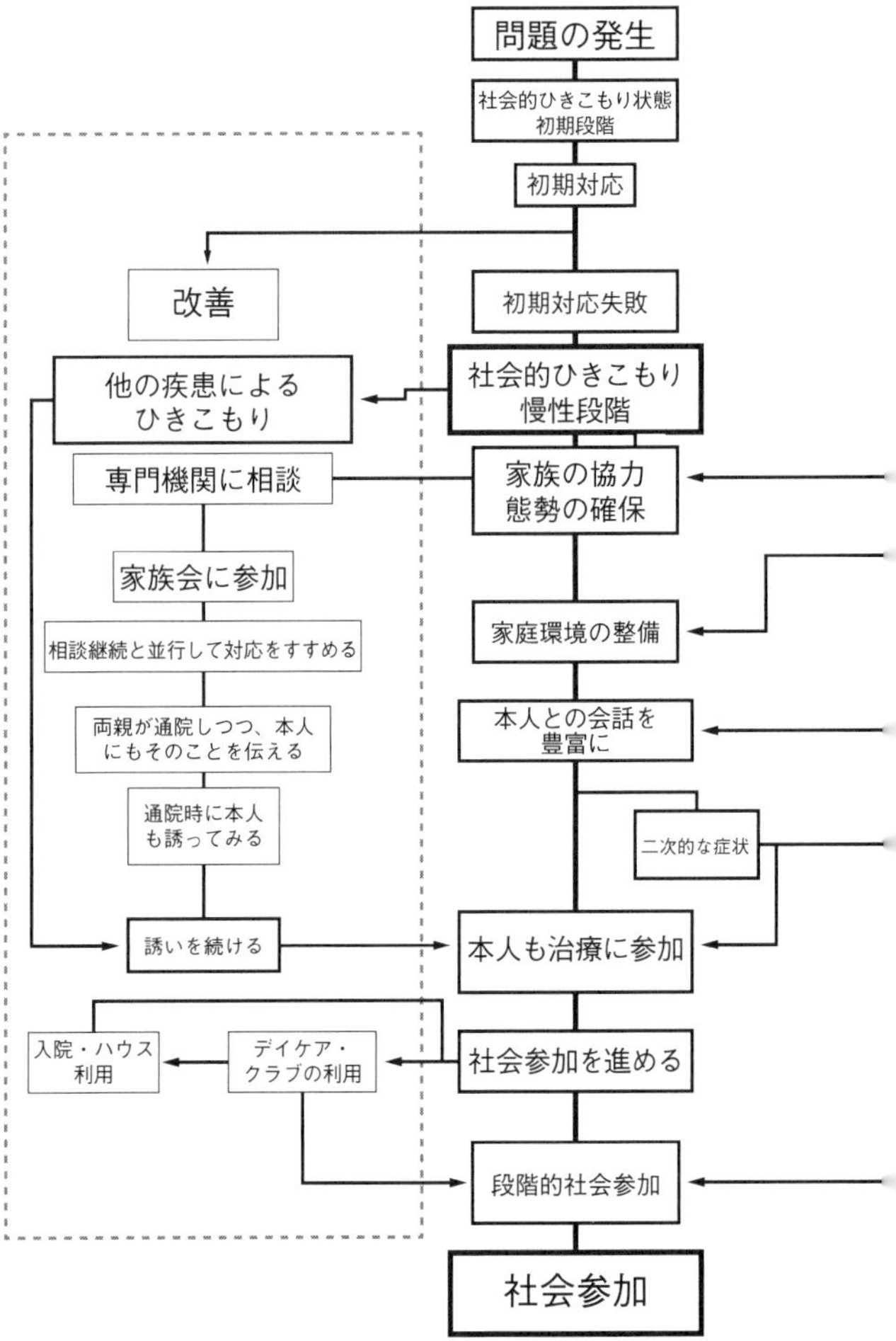
問題の発生
社会的ひきこもり状態
初期段階
初期対応
改善
初期対応失敗
社会的ひきこもり
慢性段階
他の疾患による
ひきこもり
家族の協力
態勢の確保
専門機関に相談
家族会に参加
相談継続と並行して対応をすすめる
両親が通院しつつ、本人
にもそのことを伝える
通院時に本人
も誘ってみる
誘いを続ける
家庭環境の整備
本人との会話を
豊富に
二次的な症状
本人も治療に参加
社会参加を進める
デイケア・
クラブの利用
入院・ハウス
利用
段階的社会参加
社会参加

あとがき

十年以上もひきこもり問題に関わってきて、あらためて思うことは、この問題の全体像が依然としてひどくつかみにくいということです。ある一定のまとまりを持つように見えながらも、「精神医学」や「精神分析」といった単一の視点のみから見定めようとすると、途端に輪郭がぼやけてしまうのです。原因も結果も一様ではなく、ただ確固として目前にあるのは「社会的ひきこもり」という「現実」ばかり。書かれるべき材料は沢山あるのに、それを統合的に眺めることができるような、単純な視点がなかなかとれない。本書の執筆でもっとも苦慮したのは、まずこの点でした。

そんな時に、ふと浮かんだのが「ひきこもりシステム」という考え方でした。こうしたシステム的理解は、シンプルで判りやすい視点を与えつつ、治療への応用も可能なのではないか。システム理論のよいところは、すでにあるシステムが作動している時に、その原因は問題にしなくてもすむ点です。原因の追究はともかくとして、目の前に殺到するひきこもり事例に適切に対処しなければならない立場としては、まことに都合のよい視点でもあります。

このアイディアを核とすることで、ようやく執筆のめどが立ちました。

思春期・青年期の「ひきこもり」問題は、静かに、確実に深刻化しつつあります。しかし、最前線で対処すべき立場であるはずのわれわれ精神科医が、この未曾有の事態を前にして、なすすべもなく立ちすくんでいるのが現状です。患者さんへの日々の対応に追われながら、私自身もまた、確固とした治療指針を必要としていました。本書の執筆はそんな私にとって、自らの臨床経験を整理しつつ自分なりの視点を練り上げるための、絶好の機会となりました。

本書は私個人の著作というよりは、これに関わった多くの人の共同作業の賜物であります。

まず何といっても、私が「ひきこもり」問題に関わる契機を与えて下さった故・稲村博先生をはじめ、旧・筑波大学稲村研究室の諸先生方に、深く感謝したいと思います。

青少年健康センター事務局の皆さんには、本書のもととなった「実践的ひきこもり講座」の準備に奔走していただき、多くの有益な助言をいただきました。北の丸クリニック、爽風会佐々木病院のスタッフの方々には、快適な治療環境を与えていただきました。茗荷谷クラブ、保土ヶ谷ハウスのスタッフの方々には、多くの患者さんに憩いとくつろぎの場を提供していただきました。ここに記して感謝いたします。

編集担当の出浦順子さんは「ひきこもり」という地味なテーマに当初から強い関心を示して下さり、この二年間というもの、辛抱強く原稿の完成を待ち続けてくれました。原稿の評価と助言から、仕上げ段階での迅速かつ緻密なチェックなどに至るまで、その献身的な援護なくしては、本書の完成はありえませんでした。ここに心からの敬意と感謝を捧げたいと思います。

最後に、本書が「ひきこもり」に悩むすべての人たちに、少しでも多くの希望と意志をもたらすことを願ってやみません。

一九九八年十月二十日　市川市行徳にて

斎藤　環

参考文献

石井完一郎、笠原嘉他編著：『現代のエスプリ』（第一六八号）「スチューデント・アパシー」至文堂（一九八二）

稲村博：『思春期挫折症候群』　新曜社（一九八三）

稲村博：『登校拒否の克服』　新曜社（一九八八）

稲村博：『若者・アパシーの時代』　日本放送出版協会（一九八九）

稲村博：『不登校・ひきこもりQ＆A』　誠信書房（一九九三）

笠原嘉：『アパシー・シンドローム』　岩波書店（一九八四）

田中千穂子：『ひきこもり――「対話する関係」をとり戻すために』　サイエンス社（一九九六）

富田富士也：『引きこもりからの旅立ち』　ハート出版（一九九二）

富田富士也：『父のひと言が僕を変えた』　ハート出版（一九九三）

富田富士也：『引きこもりと登校・就職拒否、いじめQ＆A』　ハート出版（一九九六）

町沢静夫：『飛べないトンボの心理療法』　ＰＨＰ研究所（一九九六）
全国精神障害者家族会連合会編「全国社会資源名簿'95〜'97」精神障害者社会復帰促進センター

本書に関する問い合わせは、左記へ郵便でお願いいたします。

〒一一二-〇〇〇六　東京都文京区小日向四-五-八　三軒町ビル一〇二
社団法人 青少年健康センター事務局

本書は、1998年11月に発行された『社会的ひきこもり』（PHP新書）を改題し、加筆修正したものです。

PHP新書
PHP INTERFACE
https://www.php.co.jp/

斎藤　環［さいとう・たまき］

1961年、岩手県生まれ。1986年、筑波大学医学専門学群（環境生態学）卒業。医学博士。爽風会佐々木病院の診療部長を経て、2013年から筑波大学教授。精神科医。専門は思春期・青年期の精神医学及び病跡学。オープンダイアローグ・ネットワーク・ジャパン共同代表。
主な著書に、『「社会的うつ病」の治し方─人間関係をどう見直すか』（新潮選書）、『ひきこもりはなぜ「治る」のか？─精神分析的アプローチ』（ちくま文庫）、『ひきこもり文化論』（ちくま学芸文庫）、『オープンダイアローグとは何か』（医学書院）などがある。

改訂版　社会的ひきこもり

（PHP新書　1214）

二〇二〇年二月二十八日　第一版第一刷

著者──斎藤　環
発行者──後藤淳一
発行所──株式会社ＰＨＰ研究所
東京本部──〒135-8137 江東区豊洲5-6-52
第一制作部ＰＨＰ新書課　☎03-3520-9615（編集）
普及部　☎03-3520-9630（販売）
京都本部──〒601-8411 京都市南区西九条北ノ内町11
組版──朝日メディアインターナショナル株式会社
装幀者──芦澤泰偉＋児崎雅淑
印刷所
製本所──図書印刷株式会社

ISBN978-4-569-84595-1

ＰＨＰ新書刊行にあたって

「繁栄を通じて平和と幸福を」(PEACE and HAPPINESS through PROSPERITY)の願いのもと、ＰＨＰ研究所が創設されて今年で五十周年を迎えます。その歩みは、日本人が先の戦争を乗り越え、並々ならぬ努力を続けて、今日の繁栄を築き上げてきた軌跡に重なります。

しかし、平和で豊かな生活を手にした現在、多くの日本人は、自分が何のために生きているのか、どのように生きていきたいのかを、見失いつつあるように思われます。そして、その間にも、日本国内や世界のみならず地球規模での大きな変化が日々生起し、解決すべき問題となって私たちのもとに押し寄せてきます。

このような時代に人生の確かな価値を見出し、生きる喜びに満ちあふれた社会を実現するために、いま何が求められているのでしょうか。それは、先達が培ってきた知恵を紡ぎ直すこと、その上で自分たち一人一人がおかれた現実と進むべき未来について丹念に考えていくこと以外にはありません。

その営みは、単なる知識に終わらない深い思索へ、そしてよく生きるための哲学への旅でもあります。弊所が創設五十周年を迎えましたのを機に、ＰＨＰ新書を創刊し、この新たな旅を読者と共に歩んでいきたいと思っています。多くの読者の共感と支援を心よりお願いいたします。

一九九六年十月

ＰＨＰ研究所